移动出行新经济

［日］深尾三四郎　著
［美］克里斯·巴林格

赵艳华　译

中国科学技术出版社
·北　京·

MOBILITY ECONOMICS BLOCKCHAIN GA HIRAKU ARATANA KEIZAIKEN
written by Sanshiro Fukao, Chris Ballinger.
Copyright © 2020 by ITOCHU Research Institute Inc. All rights reserved.
Originally published in Japan by Nikkei Business Publications, Inc.
Simplified Chinese translation rights arranged with Nikkei Business Publications,
Inc. through Shanghai To-Asia Culture Co., Ltd.

北京市版权局著作权合同登记　图字：01-2021-5667。

图书在版编目（CIP）数据

移动出行新经济 /（日）深尾三四郎,（美）克里斯·巴林格著；赵艳华译 . — 北京：中国科学技术出版社，2022.3
ISBN 978-7-5046-9428-7

Ⅰ . ①移… Ⅱ . ①深… ②克… ③赵… Ⅲ . ①区块链技术—研究 Ⅳ . ① F713.361.3

中国版本图书馆 CIP 数据核字（2022）第 054151 号

策划编辑	申永刚　杨汝娜	责任编辑	申永刚
封面设计	创研设	版式设计	锋尚设计
责任校对	吕传新	责任印制	李晓霖

出　　版	中国科学技术出版社
发　　行	中国科学技术出版社有限公司发行部
地　　址	北京市海淀区中关村南大街 16 号
邮　　编	100081
发行电话	010-62173865
传　　真	010-62173081
网　　址	http://www.cspbooks.com.cn

开　　本	880mm×1230mm　1/32
字　　数	167 千字
印　　张	7.75
版　　次	2022 年 3 月第 1 版
印　　次	2022 年 3 月第 1 次印刷
印　　刷	北京盛通印刷股份有限公司
书　　号	ISBN 978-7-5046-9428-7/F·992
定　　价	69.00 元

（凡购买本社图书，如有缺页、倒页、脱页者，本社发行部负责调换）

推荐序

读完《移动出行新经济》后,我不仅被作者克里斯·巴林格让人羡慕不已的精彩人生经历所打动,也敬佩他与合作者深尾三四郎共同探索"区块链移动服务如何促进智慧城市建设和可持续发展"的历程。将区块链技术与我们日常工作生活中的经济学以及我们熟悉的移动出行方式结合起来,非常有新意,也非常有趣味。

作者克里斯·巴林格是移动开放区块链计划联盟(MOBI)的创始人,MOBI是一个由成员主导的协会联盟,旨在通过利用区块链和相关技术,使人和货物的运输更加环保、高效和经济。深尾三四郎是一名汽车行业分析师,他精通区块链技术。两者的合作让本书既具有较强的专业性,也具有一定的独到性。本书的新意之一是选取了汽车行业作为研究对象,认为通过改变用户出行方式就可以实现移动出行;新意之二是从根本上转变了思维,从用户对价值的解读方面重新定义区域数据的优势和价值主张;新意之三是分析了世界各国和地区利用区块链技术发展移动经济的应用案例和移动出行数据市场的相关情况。这些都值得我们借鉴和参考。

作者对移动出行与现代技术的描绘,不仅剖析了交通运输与经济关联的能力，更有趣味的是，还对在当下新冠肺炎疫情背景下移动出行带来的金融科技改变以及网络社区形态改变给予了乐观的预期。

联系我国的相关情况，2022年1月18日，国务院印发《"十四五"现代综合交通运输体系发展规划》，明确"推动互联网、大数据、人工智能、区块链等新技术与交通行业深度融合"，增强综合交通运输发展新动能。当下，我国交通运输事业的发展正沿着《交通强国建设纲要》《国家综合立体交通网规划纲要》的部署在有序推进。其中，《交通强国建设纲要》中多次提到"出行"一词，该纲要将"推进出行服务快速化、便捷化，打造绿色高效的现代物流系统，加速新业态新模式发展"作为交通强国建设的九项重点任务之一。《国家综合立体交通网规划纲要》也多次提到"出行"一词，该纲要提出要推动公路路网管理和出行信息服务智能化，完善道路交通监控设备及配套网络，打造基于城市信息模型平台、集城市动态静态数据于一体的智慧出行平台。

这是一本新鲜且有活力的书，为我们看待移动出行以及交通运输带来了不一样的视角，让我们清晰地看到了现代技术对交通社会的影响过程，这对我们加快建设现代交通运输事业发展大有裨益。

北京交干智库信息科技研究院院长、交通运输部青年科技英才

赵光辉

2022年1月

前言

我想大多数读者现在几乎每天都能通过新闻媒体听到或见到"区块链"一词。区块链是多台计算机共享交易数据、相互验证并存储正确记录的技术。读取数据需要使用极为复杂的密码技术。因为数据集合而成的区块像锁链一样连在一起，故而被命名为"区块链"。

使用这种技术存储数据后，一旦某个数据被篡改，那么它后面的所有数据区块都会受到影响。要消除这种影响，需要花费高昂的成本去破解高难度密码。正是为了避免出现数据被篡改的情况，人们创造出了具有数据不易被篡改这一特性的区块链。

此外，区块链还兼具以分布式网络运作的特性，在运行过程中无须管理员的参与。如果能够充分运用它的这些特性，那么就会给我们的社会带来巨大的变化。例如，社会和产业的数字化转型（DX）、创造出新的商业模式等。具体细节将在本书中详细说明。

区块链这一新技术和新概念在2008年横空出世。它是比特币这一加密资产的底层技术。自问世以来，区块链技术一直以惊人的速度不断发展。目前它的应用领域正在从以金融科技为中心的金融领域扩展到其他行业和领域，影响范围遍及全球各地。

其中，在对世界经济产生巨大影响的汽车产业中，区块链技术引起了人们的广泛关注。本书基于我与伙伴们成立的汽车行业联盟——移动开放区块链计划联盟（MOBI，Mobility Open Blockchain Initiative）的相关活动和研讨内容，重点说明变革中的汽车产业应如何适应区块链社会，以及区块链技术会给汽车产业带来哪些影响。

在前言中，我将介绍自己如何以一名"丰田人"的身份迎接区块链曙光的到来，并讲述MOBI的成立背景和经过。同时，我还将就汽车产业的大趋势谈一下个人观点。

初次接触区块链

20世纪80年代初，我曾在美国总统里根政府时期的经济顾问委员会担任经济顾问，主要负责国际贸易方面的事务，后来在加利福尼亚大学伯克利分校获得了经济学硕士学位。

当时是衍生类产品（金融衍生品）和结构性融资的黎明期。从加利福尼亚大学伯克利分校毕业后，我担任了信用卡公司普罗威登金融公司（Providian Financial）和美国银行（Bank of America）的金融工程专家。

这段经历为我打开了金融风险管理的大门。2008—2017年，我入职丰田公司，担任丰田汽车信贷（TMCC）的首席财务官（CFO）。丰田汽车信贷是一家金融服务公司，是丰田公司在全球最大的分公司。2014—2017年，我担任丰田金融服务（TFS）全球创新部的负责人。

我从丰田公司离职前待的最后一个部门是位于美国硅谷的丰田研究院（TRI）。2017—2018年，我担任丰田研究院的首席财务官兼移动服务部负责人，工作内容是在自动驾驶技术和汽车互联网的背景下，研究创建新型商业模式和新的"出行即服务"（MaaS）模式。

记得在加州大学伯克利分校读经济学硕士时，我们学习的课题之一就是"私营公司很难发行货币"。这并不是说私营公司无法印制纸币或者铸造货币，而是说私营货币发行人如果偷偷增加货币供应量会导致货币贬值。因此，私营公司发行的货币信用低，持币风险大。

但凡存在信用问题的领域，一般都会设有专门的约束机制，其中存在多个利益关联方（其数量多于通用货币中的利益关联方），他们相互掣肘，监督货币的发行和使用。实际上，在数字经济时代，由于伪造、诈骗和冒充的成本更低，因此这种信用问题尤为严重。

信用问题在计算机科学领域一直以来也备受人们关注，自1980年起已经经历了很长时间的讨论，被人们称为"拜占庭将军问题[①]"（Byzantine Generals Problem）。

2008年，中本聪在《比特币：一种点对点的电子现金系统》（*Bitcoin: A Peer-to-Peer Electronic Cash System*）白皮书中提出了解决方案。具体来说，就是利用加密技术、巧妙的激励

[①] 拜占庭将军问题：由莱斯利·兰伯特提出的点对点通信中的基本问题。含义是在存在消息丢失的不可靠信道上试图通过消息传递的方式达到一致性是不可能的。——译者注

设计和博弈理论来解决信用问题。比特币就是对这一理论的践行结果。比特币是由私人创造，并且解决了上述信用问题的第一种货币。可以说，中本聪的解决方案适用于去中心化的、分布式系统中的任何价值交换，包括财产、服务和数据等。

我对中本聪的想法抱有极大的兴趣。思考得越多，学到的东西越多，脑海中浮现的应用案例就越多。区块链，或者说，更普遍意义上的分布式账本技术（DLT），可以使数字孪生、微支付、可信任的共享公共数据、个人隐私数据保护等成为现实。

我深信，正如多年前计算机和网络的出现一样，随着时间的推移，区块链技术会具备强大的颠覆力。我也坚信，正如今天区块链技术对汽车产生的影响一样，将来它也会对移动出行产生颠覆性的冲击。

汽车成为物联网节点

要了解其中的原因，我们首先需要了解当今移动出行出现了哪些颠覆性变化和新趋势。

首先，现在的汽车已可以连接到智能手机，并且可以在汽车内部上网。随着新型传感器和车载电脑的推出，网联汽车已成为物联网（IOT）发展中的节点，即计算机网络的终端。

物联网将加速汽车相关商品和服务从个人私有向MaaS模式转变，促进移动消费，且这种消费与汽车使用量有关。汽车通过传感器导入数据，与电脑连接在一起。这意味着汽车成为机器学习和人工智能（AI）领域极具价值的载体。

区块链可以提高信息的保密性，并可以在网络空间中创建数字孪生，从而将数字空间中获得的经验推广到现实世界，使现实中的改革和决策更加高效。通过区块链、物联网和人工智能技术，所有存在物，无论是人、物还是汽车，都具有安全的数字识别标识，它们将变得更加智能，可以在彼此间实现自动交易。

提升移动数据共享效率

最近几年，人们投入数十亿美元的资金研发自动驾驶技术。然而，真正的自动驾驶（等级5，即人类不加任何干涉的完全自动驾驶）目前来看仍遥不可及。

其实，在真正的自动驾驶技术实现之前，车辆在其他方面将完成自动化，其产生的影响将为汽车产业带来颠覆性变化，远大于自动驾驶技术带来的影响，这就是自动支付。今天，我们已经拥有了实现自动支付的技术和设备，包括半导体芯片、传感器和网联汽车。

区块链技术可以为车辆提供保密性极强的数字识别标识。在MOBI提出的"新的移动经济"中，区块链技术使人、基础设施、车辆实现自动交易和结算，车辆自动提供服务，人和物之间自动交换数据。

这些自动交易最终都是根据使用量付费（Pay-As-You-Go），费用包括尾气排放费和交通拥堵费等社会成本，以及道路通行费、保险、燃油费等各种移动出行服务费。

除了移动出行服务之外,区块链还有助于提高供应链管理的效率。由于每个零件都有自己的数字识别标识,因此人们可以确保跟踪零部件制造和组装的无缝衔接、追踪缺陷产品、剔除仿造品、提高进口交易的效率。车辆和零部件的数字识别标识还能应用于移动出行数据领域,实现对等网络(P2P)数据共享,提高业务合作的效率。

区块链是一项"团体运动"

当今社会,技术在飞速发展,尤其最近几年自动驾驶的开发项目被大肆炒作。然而,为什么区块链技术并没有在制造业、移动出行、商业合作等领域得到广泛应用呢?

关于这一问题,可以从区块链技术发展的早期找到答案。2017年2月,我们在丰田研究院举办了一场会议,与会者均为丰田研究院的工程师和区块链行业的精英。会后,丰田研究院针对多个区块链应用案例进行了概念验证(POC,Proof of Concept)。

这些案例包括共享汽车、驾驶行为保险、自动驾驶和机器学习中的数据共享、汽车钱包和车辆数字识别标识。2017年5月,包括我在内的丰田研究院成员在全球最大的区块链活动——区块链共识大会中对概念验证情况进行了介绍,很多媒体都给予了积极评价。

在我们的积极引导下,一些汽车厂商的工程师们也表达了自己的观点。在他们的公司中,有的实施了类似的概念验证,有的在区块链技术商业化、商业应用和商品化进程中遇到了壁垒。当时,我们所有人都持有这样的观点:尽管区块链技术具有巨大潜力,但是仍须做大量工作才能使之商业化。

事实证明,难点不在于将车辆、零件、交易和一些交通基础设施的数据上传到区块链上,而在于如何推广区块链,或者说如何扩大区块链的规模。另外还有一点是自从引进区块链技术后,其应用发展非常迅速,现在已经到了关键的转折点时期,它将直接影响到未来的发展情况。

在将区块链技术真正引入移动出行领域之前,我们需要构建一个全新的智能框架,它能为汽车、道路和移动服务的自动识别、自动交换数据、自动支付等行为提供各种标准。

毕竟,我们要创造的不是最简化可实行产品(MVP,Minimum Viable Product),而是最简化可实行社区(MVC,Minimum Viable Community),引入区块链的关键在于如何打造出一个社区。

超级账本项目(Hyperledger)执行董事兼MOBI顾问布莱恩·贝伦多夫(Brain Behlendorf)经常说:"区块链是一项'团体运动'。"

MOBI的诞生

2017年9月,在概念验证的初期,我们小组在麻省理工学院媒体实验室的数字货币计划(Digital Currency Initiative)项目的赞助下，成功在该校召开了第一次会议。

小组由丰田和其他六家汽车制造商的代表、数家区块链初创公司以及麻省理工学院媒体实验室的数位引导员组成。我们一致认为有必要创建相应的生态。在召开了数次会议之后，全体成员都同意成立一个非营利性组织（NPO），其目的是将我们的想法和对策进一步形成体系，来指导相关实践活动。我对这项提案非常感兴趣，自愿担任该组织的第一任首席执行官。

几个月后，我离开了丰田研究院，并于2018年5月2日正式对外宣布MOBI成立。在成立之初，MOBI一共有35个成员组织，包括全球汽车制造商、区块链初创公司、科技公司、公共机构和非政府组织（NGO）等。

MOBI是一个由成员主导的协会联盟，旨在通过利用区块链和相关技术，使人和货物的运输更加环保、高效和经济。联盟开展的主要活动有研究和教育活动、建立创新平台、举办国际会议（学术讨论会）以及设立工作组（小组委员会）。为了将区块链技术引入智能移动出行领域，MOBI制定了行业最高标准，并促进其落地实施。

自成立以来，MOBI在亚洲、欧洲和美洲同步发展，目前已成为拥有100多个会员的大型协会组织。即使在新冠肺炎疫情的影响下，协会联盟仍在不断发展壮大。最近，日立制作所、美国亚马逊网络服务（AWS）等跨国公司也相继加入联盟。从联盟的发展趋势可以看出，人们高度关注区块链技术在汽车行业的应用，同时也能看出，人们已经认识到，无论一家公司规模有多大，其力量都不足以建立必需的社区，必须由各家公司团结起来，共同合作。

迄今为止的里程碑式业绩

成立约两年后，MOBI公开发表了基于区块链的车辆数字识别标识（VID）技术标准，并成立了6个小组委员会。除制定车辆识别的技术标准外，小组委员会的工作内容还包括供应链（SC，Supply Chain）、网联汽车数据市场（CMDM，Connected Mobility & Data Marketplace）、电动汽车和电网深度融合（EVGI，EV to Grid Intergration）、驾驶行为保险（UBI，Usage-Based Insurance）、金融证券化智能合约（FSSC，Finance Securitization and Smart Contracts）等。

在每个小组委员会中，成员机构的专家担任主席和副主席，他们负责组织各种活动，目的是创建技术标准，建立一个数据框架，促进某些应用案例的商业化实施。本书将详细介绍这些小组委员会参与的应用案例。

MOBI还在世界各地举办国际学术讨论会，会议内容也将通过社交网络公开。此外，我们还会制作调查报告提供给会员组织，报告内容主要围绕某种技术以及成员感兴趣的主题。

2020年6月，基于小组委员会制定的车辆识别技术标准，会员组织推出了一项名为开放性移动网络（OMN，Open Mobility Network）的共享数据层，目的是促进会员在项目开发过程中的数据共享和协作。

MOBI还利用区块链技术研发了一个名为"城市乌托邦"

（Citopia）的开放性数据市场（数据交易市场）平台。这是一个在网联汽车移动生态系统中各相关方都能使用的分布式区块链应用程序（dApps）。通过该程序，城市和交通基础设施的管理人员很快就能计算出交通拥堵和汽车尾气排放等产生的社会成本，进而向驾驶人员征收该费用。此外，它还可以设计出一种激励措施，为践行环保出行、高效出行的用户提供虚拟货币（加密资产）奖励。

追求移动出行和汽车产业的可持续发展

  本书将谈及让我引以为傲的MOBI做出的多项举措。希望通过本书可以向人们传达MOBI的思想和观点。我与汽车行业分析师深尾三四郎先生共同探讨了许多有关区块链的知识，希望借此机会能与大家共同分享，为实现更环保、更高效、更经济的移动出行方式贡献自己的绵薄之力。

  2019年2月，在德国慕尼黑举行的MOBI学术研讨会上，我与深尾三四郎先生初次相遇。实际上，在此之前，我已经通过社交网络和电子邮件与深尾三四郎先生进行了多次交流和讨论。任职于丰田公司的一位友人告诉我，深尾三四郎先生在2018年出版的作品《移动出行2.0》中提到了我和MOBI。因此，我邀请深尾三四郎先生加入领英（LinkedIn）。那是我们二人交往的开始。

  深尾三四郎先生和我大学时都攻读经济学，我们具有相同的教育背景。同时，我们都从交易成本、信息非对称性和公地悲剧等经济学重要理论出发，探求区块链技术在移动出行和汽车产业中的有效性，这些相似点使我们成为志同道合的朋友。更重要的是，我和深尾三四郎先生都坚信，区块链技术将有助于实现可持续发展的移动出行社会，这一社会囊括了占世界90%以上的没有汽车或者不使用汽车的人。

此外，我们将利用区块链技术促进"财富分散"，纠正将移动业务附加值过度赋予互联网型企业的行为，这些企业包括谷歌、苹果、脸书[①]和亚马逊等。通过区块链技术，将这部分附加值重新返还给传统汽车制造商、零件制造商和经销商，以此提高汽车产业的整体可持续性发展。基于这个共同观点，我欣然同意与深尾三四郎先生合作撰写本书。

作为汽车行业分析师，深尾三四郎先生对全球汽车产业的发展动向非常了解，并且在欧洲与亚洲有着广泛的人脉。深尾三四郎先生于2019年被任命为MOBI顾问，根据理事会决议，自2020年以来，任MOBI理事，为MOBI在亚洲的发展以及探索最新案例提出了卓有成效的建议。区块链技术在亚洲的发展方兴未艾，借本书出版之际，能与读者共同分享这些最新的信息和知识，实在是一大幸事。

我很高兴本书将首先在日本出版发行。这意味着我们MOBI的工作可以为日本制造业和汽车制造商的复兴做出贡献。日本在粮食、矿产和自然资源方面的自给率持续下降。在这种情况下，必须将重点放在其他领域的专业化发展上，这对

---

① 已改名为"元宇宙"。——编者注

于新的数字经济的发展来说至关重要。

随着共享数据结构（应用于物联网、边缘计算、机器学习）以及协作式商业生态系统的兴起，许多硅谷大型科技公司失去了原有的业务优势，其中的一些优势反而成为公司发展的桎梏。

在21世纪初的几年里，对数据和算法的垄断成为网络科技公司发展的驱动力，并为他们带来了巨额财富，数据垄断者成为世界顶级公司，我曾目睹这一切。但是未来世界的特点却是广泛使用开放式系统、P2P交易以及协作式商业网络。这时，我们在过去20年中看到的情景将不复存在。

新冠肺炎疫情的肆虐促使社会加速向数字化和分布式商业发展。今天世界经济离不开中间商的服务，它们价格昂贵且分布在各行各业，例如银行、信托、会计、法律和仲裁。尽管这些服务对于市场经济的运行来说必不可少，但它们无法在机器对机器交易的经济（Machine-to-Machine Economy）中发挥作用。

区块链技术的主要特点是构建安全的数字识别标识，进行可靠的身份验证和保证数据的透明性。因此，在数字化和去中心化的世界中，这将在很大程度上帮助我们建立信用体系。在本书的最后一章，我将详细介绍对日本将来该如何在区块链技术领域发展的相关建议。

现在让我们进入正题。

MOBI作为一个无国界组织，致力于通过引入未来社会的新概念——区块链来构建一个全新的经济圈，同时探讨如何利用新一代移动网络服务社会，使人们的生活更加富足。

　　本书对我的母校加利福尼亚大学伯克利分校和深尾三四郎先生的母校伦敦政治经济学院提出的重要经济学问题做了简单易懂的说明。我认为，区块链为解决这些长期以来争论不断的经济问题提供了解决方法，这是本书的一个独特的切入点，我们将以此展开论述。

　　本书将区块链技术与我们日常工作生活中的经济学以及我们熟悉的移动出行方式结合起来进行论述，内容浅显易懂，适合初次接触区块链的读者阅读。

　　以此为契机，我们希望与读者共同探讨以下问题：如何利用区块链技术改善新一代移动出行网络、打造智慧城市、追求社会与社区的可持续性发展。

克里斯·巴林格（Chris Ballinger）

目录

绪论
区块链移动服务可促进智慧城市建设和可持续发展

第1章 汽车制造商陷入规模不经济的泥沼
- 14　全球汽车产量不再增加
- 16　导致规模不经济的主要原因
- 20　"可赢利的MaaS"需要区块链技术
- 24　全球汽车行业致力推广区块链技术

第2章 汽车行业也将迎来web3.0时代
- 30　5G技术促成区块链社会
- 34　区块链是数字孪生的底层技术
- 37　数字孪生为MaaS和CASE带来收益
- 40　区块链打造智慧城市

第3章 区块链是500年难遇的重大变革
- 48　记账革命和信息革命
- 56　区块链加速实现可持续发展目标

70　区块链革命的关键词
80　专栏　区块链技术概述

第4章　增加供应链弹性

88　新冠肺炎疫情给供应链带来冲击
92　独门秘籍帮助中小企业发展
96　实现可持续生产和道德消费
103　利用3D打印技术的web3.0企业即将诞生

第5章　电动汽车——从网联汽车到网联电池

112　电动汽车的价值正不断提升
116　电动汽车对建设智慧城市和智慧电网来说不可或缺
121　加强车载电池的生命周期管理

第6章　把"柠檬"变成"桃子",促进汽车销售

128　消除信息的不对称,促使保险发生变化
133　建立新的税收制度,促进二手车市场的稳健发展
141　完全实现从车展到新车交付的线上操作

第7章　数据交易市场解决公地悲剧

154　以人为本的激励设计助力减少环境污染
163　创建移动数据市场
168　创建新的移动经济

第8章 打造智慧城市，振兴地方经济

- 180 欧洲全面推进区块链项目
- 186 中国旨在打造区块链强国
- 188 亚洲其他各国正在推进移动区块链
- 190 对日本移动出行的建议：以小为美

特辑 与克里斯·巴林格和深尾三四郎的对话

- 200 创建新的"日本模式"

217 后记
225 参考文献

绪论

区块链移动服务可促进智慧城市建设和可持续发展

汽车行业出现规模不经济问题

在新冠肺炎疫情暴发之前,全球汽车行业就处于艰难的境地,即使提高产量,利润也不再增加,甚至减少,这就是所谓的"规模不经济"(Diseconomies of Scale)。出现这种问题的原因是交易成本的增加,这些成本包括与质量相关的成本、销售激励措施以及诸如电动化和自动驾驶等新一代技术的研发成本。此外,共享服务使出行变得更加容易,年轻人不愿购买汽车,导致汽车不得不降价销售,这对汽车行业的发展来说无疑是雪上加霜。

规模不经济导致一些汽车制造商已经开始减少产能,有的甚至被迫关闭工厂。自2019年起,全球汽车产量开始呈现出下降的态势。这是结构性的,不是暂时的。汽车产量大概不会回到鼎盛时的水平。如果仅凭以往的工作经验开展业务,汽车企业便无法在这种困难的情况下生存下去。

可持续性较差的CASE和MaaS模式

除了搭载人和物之外,汽车还可以搭载数据,汽车行业也开始向数字化转型,其浪潮席卷了整个汽车行业。2016年,

"CASE[①]"一词诞生。这代表了新一代汽车技术的发展趋势，不过业界也有一些企业站在了不同的阵营，他们对这百年难遇的大变革持消极态度。现在，世界各地正在进行概念验证和社会推广，以实现利用新一代移动技术的MaaS理念。

但是，到目前为止，无论是CASE还是MaaS模式，都不具有高度的可持续性，这是因为它们都无法为企业带来足够的利润以维持其运行。

在CASE的理念方面，业务的附加值正在从汽车企业转移到科技公司和信息技术公司。这些"新人"的加入导致行业竞争加剧，利润率持续下降。

MaaS模式通常都是将几个低收益的移动方式连接起来，在这些模式之间进行少量利润的交换。在这种情况下，企业需要有一定的商业嗅觉，设计出一种销售机制来增加更多的用户数量或者提高单价。然而这件事做起来并不容易。

区块链对降低交易成本、建设新的交通基础设施作用巨大

要使移动出行实现可持续发展，区块链将变得非常重要。这是因为使用区块链可以省掉或大幅削减各种交易成本。这不仅有助于推动新型商务模式的发展，还可以增加现有业务的收益，在很大程度上解决规模不经济的问题。

---

① CASE：指联网、自动驾驶、共享、电气化。——译者注

区块链这一技术，不仅可以降低成本，还能带来新的价值。

我们可以利用区块链技术实现多种移动模式。网联汽车以M2M[①]的方式自动为城市提供数据，帮助完善城市交通生态系统。作为提供数据的奖励，汽车会获得代币，这种代币通常是虚拟货币，也就是加密资产。汽车在行驶的同时，对一定范围内的、符合法规的数据进行自动交易，此时汽车变成了钱包，其价值得到提高。

城市还可以为那些按照推荐的方法利用或提供出行服务的行为提供代币，这些行为包括驾驶和乘坐电动汽车、使用汽车共乘服务等。这样做便无须投入大量资金建设基础设施，仅通过改变用户出行方式就可以实现移动出行，让我们的城市变得更美好，同时还节省了为改善交通拥堵和减少交通事故而进行的交通基础设施投资。

汽车在行驶过程中，自动使用加密资产直接支付道路使用费。更具体地说，汽车利用区块链技术自动执行合约，并通过M2M的方式，即使用微支付缴纳交通设施使用费。从国家或者地方政府的角度来看，可以通过区块链技术，根据汽车载货量和里程数，准确征收各项道路通行费。在全球电气化和限制二氧化碳排放的大趋势背景下，许多国家和地区的燃油税收减少，让其经济状况陷入困境。在这种情况下，要构建可持续发展的移动出行社会，区块链将成为必不可少的技术基础。

---

① M2M：指数据从一台终端传送到另一台终端，即机器与机器的对话。——译者注

从"百年难遇之变革"到"五百年难遇之变革"

区块链技术从根本上颠覆了已有500年历史的记账方式和信任协议,引起了继复式账本和活字印刷之后的账本科技革命和信息革命。区块链作为加密资产比特币的底层技术进入人们的视野。如今它的应用正迅速从金融领域扩展到非金融领域。

在当今的日本,每天都能看到关于区块链的新闻。其中,广受人们关注的是区块链技术在汽车行业的应用。汽车行业是真正意义上的全球性行业,它拥有遍布世界的供应链和价值链,是可持续性发展和智慧城市建设等全球性课题的核心。现在,包括区块链在内的网络社会技术创新浪潮(web 3.0)正在席卷汽车行业。

区块链可加速实现可持续发展目标

区块链技术对于实现联合国可持续发展目标(SDGs)不可或缺。其重要性源于它能够促进可持续发展目标中最重要的一项课题,即"社会包容性"的实现。

互联网并没有给所有人带来富裕。在数据时代,有人认为"数据是新石油",那些享受着互联网数据创造的价值并积累起财富的人,与其他人之间的贫富鸿沟正在加深。区块链可以填平这种数字鸿沟,使财富更加分散,因而受到全世界的关注。

建设智慧城市是全世界各个城市的发展目标,而区块链则是建设智慧城市的底层技术。为了建设一个利用物联网、人工智能和5G搭建的更安全、更方便的未来城市，各国都在尝试在网络空间中创建城市或社区的数字孪生。

智慧城市的构成要素是人、车辆和基础设施等。要保证它们的数字孪生在进行价值交易时不被复制或篡改，需要区块链和加密资产的保驾护航。

如今，汽车行业的重要课题是可持续发展目标的实现和智慧城市的建设。随着您对本书的阅读，对区块链的理解会愈发清晰。将来，要通过改革移动出行方式、制定合理的公共交通政策来构建可持续发展的智慧城市的话，需要利用区块链技术创建出高效的新服务，以此实现社会共融，振兴地区经济。

后疫情时代中帮助企业生存下去的工具

新冠肺炎疫情的暴发在某种程度上凸显了区块链技术的经济和社会意义。

新冠肺炎疫情对商业世界的冲击主要体现在供应链方面。随着全球化发展，供应链变得越来越复杂，人们无法准确掌握位于供应链上游的中小企业的经营恢复状况，因此产业恢复所花费的时间和精力远远超出了预期。在区块链的帮助下，供应链变得可追溯，这提高了企业在危机之后的恢复能力。基于此，区块链技术比以往任何时候都受到人们重视。

在与新冠肺炎疫情共存的时代，包括公共服务在内的出行业务很难一边在现实的社交距离中构建令人信赖的新机制，一边追求社会共融，以实现联合国可持续发展目标。对于未知世界的不安，以及为很多事情无法回到以前的状态感到焦虑的，恐怕不仅仅只有我一人。

但是，我们的生活方式已经因为疫情发生了改变。在这种背景下，我们应该更加深刻地思考：如何重新认识、重新定义地区共同体的价值主张（Value Proposition）？如何构建可持续发展的社会和经济？

在新世界中，人们可以基于信任机制进行价值（加密资产）交换，而价值的基础则是个人能力（数据）。因此，即使不再依靠此前受到信赖的"中央管理者"，社区的人们也能自主提供数据进行价值交换，为整个社区谋求更好的发展。这就是区块链社会的运行模式。在与新冠肺炎疫情共存的时代，这是一种新的、恰当的社区形态，有助于提升社会活力，振兴地方经济。

14世纪中期，文艺复兴运动在欧洲蓬勃发展。从时间上看，它刚好发生在欧洲中世纪大瘟疫结束之后。文艺复兴运动打破旧观念，进行了革新，酝酿出了一个新的社会秩序。不可思议的是，今天我们面临的新冠肺炎疫情的蔓延，以及区块链社会的发展，与文艺复兴时期的情况非常相似。

关于本书

在规模不经济的汽车行业中，需要区块链来提高CASE和

MaaS模式的赢利能力，促进全球范围的可持续性发展。新冠肺炎疫情的暴发将推动区块链社会的真正到来。

在新常态[①]中，我们要从根本上转变思维，使移动经济从物（车辆、零部件）的转移转变为价值的转移。价值来源于区域数据。我们要从用户对价值的解读方面重新定义区域数据的优势和价值主张。在此基础上，利用区块链技术将地区的身份价值与互联网结合起来。通过这种方式可以增强供应链的弹性，提高新一代移动经济的赢利能力，促进可持续性发展，振兴地区经济，构建循环经济。

接下来，按顺序介绍本书的大致内容。

第1章阐述了汽车行业的现状，即交易成本的增加导致汽车行业陷入规模不经济的泥沼，汽车的生产数量不再增加。在这一背景下，为了提高CASE和MaaS模式的赢利能力，全球汽车相关企业急于将区块链技术应用到汽车行业中。

第2章阐述了在5G普及的背景下，网络技术创新正在进入"web 3.0"时代。区块链是数字孪生的底层技术，而数字孪生可以提高CASE和MaaS模式的赢利能力，有助于构建智慧城市。

第3章将解释区块链出现的背景、影响以及对实现可持续发展目标的重要性。此外，还将介绍理解区块链的关键词和主要技术。第4章之后则介绍利用区块链技术发展移动经济的应用案例。

---

① 新常态：指经过一段不正常状态后重新恢复正常状态。——译者注

下图是区块链应用示意图，其中包括了移动出行之外的其他领域。区块链已经从作为加密资产比特币底层技术的"区块链1.0"时代，经历了应用到金融领域以外的"区块链2.0"时代，现在正在进入社会治理领域的"区块链3.0"时代。

本书介绍的移动出行应用案例集中在第4—6章，它们分别是供应链弹性（第4章）、电动汽车和电网的深度融合（第5章）、驾驶行为保险和二手车分销（第6章）。在第7章中介绍了移动出行数据市场的相关情况。

第8章介绍了世界主要国家和地区的区块链社会发展战略以及智慧城市的建设情况，并在最后为日本和日本汽车产业提出建议。

媒体通常把区块链称为"分布式账本技术"，其实这种表述并不准确。区块链是一种诞生于2008年的新技术，每个专家对它的定义都不尽相同。区块链技术与分布式账本技术之间是包含关系，区块链技术是分布式账本技术的一种。从营销的角度来看，它们通常都被称为"区块链"是为了方便起见，因此本书也采用这种说法，将它们统称为"区块链"。

此外，关于以比特币为代表的虚拟货币，本书参考了全球通用名称——加密资产。在日本，根据2020年5月1日实施的修订版《资金结算法》和修订版《金融工具和交易法》，虚拟货币被称为"加密资产"。

移动出行新经济

	金融领域	
	区块链 1.0	
加密资产 价值交换	加密货币 结算 交易所交易 汇兑 支付	自有货币 中央银行数字货币 当地货币社区币 代币 二氧化碳排放权 碳信用代币
区块链 保存记录 共享历史记录 自动执行合约	融资 社会借贷 众筹 小额信贷 股票交易	智能合约 数字资产管理 所有权管理 公共服务 基本收入 选举 资产权限管理 数字资产管理 所有权管理 权限管理
	区块链 2.0	

区块链应
(资料来源：

10

绪论　区块链移动服务可促进智慧城市建设和可持续发展

非金融领域

第8章
智慧城市

第7章

数据市场
- 移动即服务、共享
- 智能电网
- 协同型自动驾驶
- 电动汽车生命周期管理

第5章

第4章

供应链
- 可追溯性
- 3D打印
- 原产地证明

身份
- 数字身份标识
- 数字孪生

- 数字、政府
- 给付、税收

认证
- 真伪验证

组织运营
- 去中心化自治组织

二手市场
- 数据防篡改
- 价值证明
- 驾驶行为保险

第6章

区块链 3.0

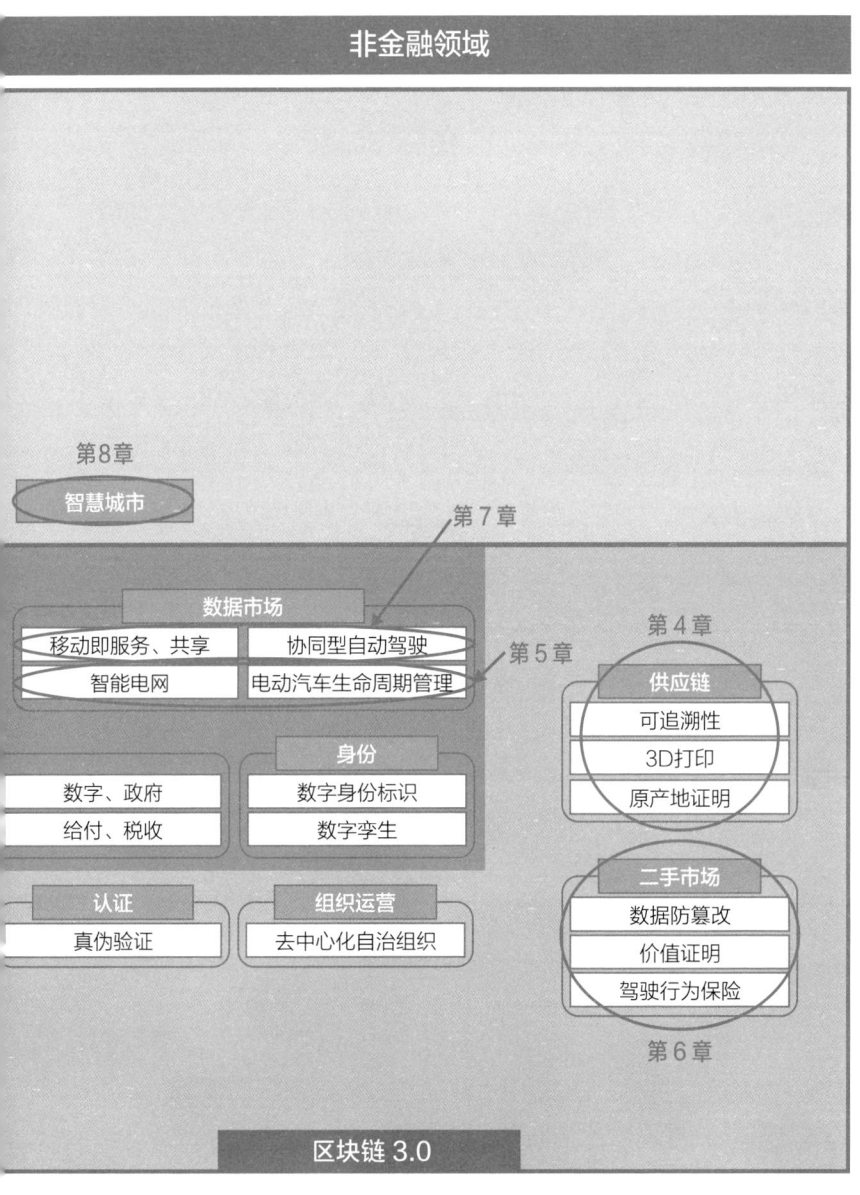

用示意图
笔者制作）

11

第1章

汽车制造商陷入规模不经济的泥沼

全球汽车产量不再增加

2020年1月29日（德国当地时间），全球最大的汽车零部件制造商博世集团（Robert Bosch GmbH）的首席执行官沃尔克马尔·邓纳尔（Volkmar Denner）在会议上向记者宣布了裁员计划。他表示，2020年世界汽车产量仍在下滑，并且这一趋势会一直持续到2025年。不过当时尚未谈及新冠肺炎疫情暴发对全球市场产生的不利影响。

世界汽车组织（OICA）汇编了全球汽车产量的变化（见图1-1）。自2009年雷曼兄弟（Lehman）金融公司破产以来，一直到2017年，汽车产量一直呈现增长态势，2018年保持平

图1-1 全球汽车产量的变化

（资料来源：笔者根据世界汽车组织发布的数据创建）

稳，2019年以后开始逐年减少。

从2019年开始减产的行业背景是，中国和印度这两个新兴市场对新车的需求下降。但是，汽车制造商减少生产量并不是因为需求的下降，需求下降可以通过经济刺激政策在短期内恢复。而他们之所以减产是由于结构性因素，制造商重新评估了汽车供需体制，做出了削减产能的决定。

削减产能计划

自2019年以来，大型汽车制造商出台了一系列大幅度削减产能的计划。2019年，美国通用汽车公司在北美的四家工厂中，有三家已经停产，不久的将来它们可能会被关闭。2020年1月，美国通用汽车公司宣布将其在印度的工厂出售给中国长城汽车公司，将生产撤离印度。

本田汽车公司于2019年2月宣布，将于2021年停止在英国和土耳其生产四轮汽车，并计划将生产撤离欧洲。在阿根廷的四轮汽车的生产也于2020年年底结束。日产汽车公司在2019年7月宣布，到2022年，其全球生产能力与2018年相比，将同比削减10%。后来因为新冠肺炎疫情的影响，日产汽车公司于2020年5月28日又宣布这一减产幅度将提高到20%。

三菱汽车公司于2020年7月27日宣布，将在2021年上半年关闭其位于日本的生产子公司——帕杰罗制造。该公司的首席执行官在同一天的电话采访中说，关闭工厂的决定与新冠肺炎疫情的影响无关，该公司的扩张战略本来就是不合理的。

未来，在新冠肺炎疫情的影响下，全球性削减产能的动作可能会进一步加速。

汽车制造商减产背后的结构性因素是什么？制造商为什么急于削减产能？这是因为汽车产业开始出现"规模不经济"的问题。简而言之，汽车制造商不再能够像过去那样通过增加产量来赚钱。即使增加产量，也无法改变赢利能力的不足，利润将逐渐减少，企业陷入困境。

导致规模不经济的主要原因

产量增加，利润却减少

规模不经济是指当超过一定产量后，生产规模扩大反而导致赢利能力下降，最终导致利润减少的状况。每增产一辆汽车，利润都会持续减少，最终将变为亏损。成本管理会计中的边际利润（Marginal Profit）将变为负数（赤字）。那时，制造商便无法找到合理的理由来增加产量。因此，在其他条件不变的前提下，只能停止增产。

如图1-2所示，汽车制造商在扩大生产规模之初，每生产一辆汽车的固定成本减少，并且该固定成本的扩散效应充分抵消了由于价格下降而导致的利润下降，这时，每生产一辆汽车都会带来利润。因此，企业可以通过增产提高利润，这被称为

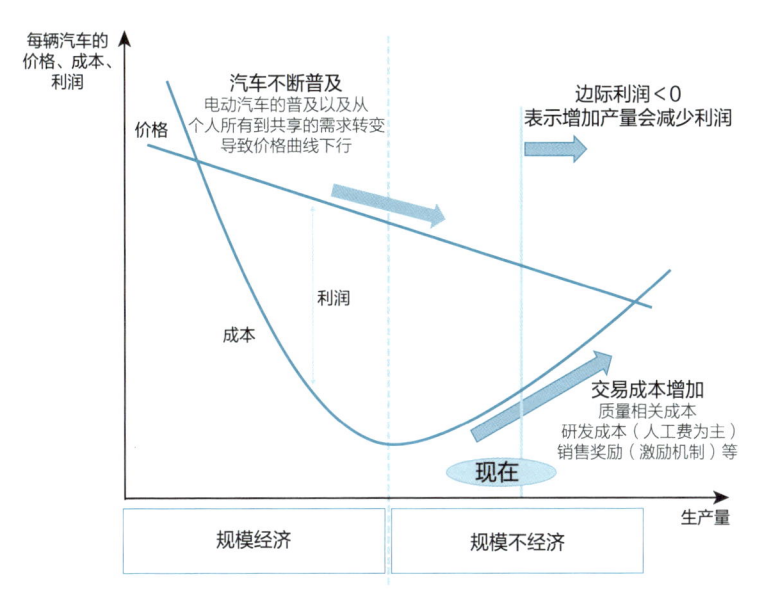

图1-2 汽车生产的规模经济与规模不经济
［资料来源：笔者根据Coarse（1921）、Wilhamson（1981）制作］

规模经济。

然而，在达到一定的生产规模之后，随着批量生产的成本和为了增加车辆附加价值的投资成本的增加，超过了增产带来的固定成本的扩散效应，于是单位产量带来的利润开始减少。这些增加的成本中，大部分都是交易成本（Transaction Cost）。

交易成本大致分为3类，分别是搜索与信息成本（Search and Information Cost）、议价成本（Bargaining Cost）、监督及执行成本（Policing and Enforcement Cost）。搜索与信息成本是搜集商品信息与交易对象信息所需的成本。议价成本是指在双方达成交易的过程中讨价还价的成本。监督及执行成本是监督交易是否按照协议执行所需的成本，以及如果没有按协议执行，通过法律等各种手段解决问题时产生的成本。

典型的汽车行业交易成本包括：①与质量相关的成本（监督及执行成本）；②以人工成本为主的研发费用（议价成本）；③销售奖励、激励措施（议价成本、搜索与信息成本）。

具体说来，①是根据制造商、经销商和消费者之间签订的销售合同，如果因没有达到约定的产品规格或质量要求而发生法律纠纷时产生的诉讼费或者律师费用，以及将产品召回时发生的相关费用。除此之外，还包括为了避免出现质量问题而加强供应链的监管，在此过程中产生的费用，以及产品召回导致企业形象受损带来的销售损失。②是招揽人才产生的成本。例如，为了开发新一代移动出行方式（电动汽车或者自动驾驶汽车），从其他行业挖掘人才时支付给猎头的佣金。③是制造商支付给经销商的补贴，以减少降价给他们带来的损失，目的是促进新车的销售和开发新客户。

随着数字化浪潮的到来，汽车行业进入了一个巨大的变革期。汽车制造商和相关企业不能依赖过去的经验经营，要通过不断创新来赢得这场生存竞争的胜利。随着市场不确定性的增加，制造商所掌握的信息（例如专业管理知识和人力资源方面），无论在数量上还是质量上，大都无法满足新一代业务的需要，在各种价值链中都出现了"信息不对称"的现象。

在这种情况下，为了迅速应对市场需求的急速变化，汽车相关企业的交易成本将比以往更高。

电动汽车降价与汽车普及

导致规模不经济问题的决定性因素还有汽车价格的下降（见图1-2所示的不断下行的曲线）。不过，最近随着电动汽车在全球的逐渐普及以及汽车从个人拥有变为共享的倾向不断加剧，也在对价格曲线施加下行压力。价格曲线下降，意味着导致了规模不经济问题的出现，产量减少，汽车制造商更需要通过削减产能来维持生存。

在电动汽车的成本中，车载锂电池占比最大。锂电池价格的迅速下跌导致在近期激烈竞争中，电动汽车的价格也在不断下降。另外，随着共享服务的普及，人们将拥有更多的选择机会，他们无须拥有汽车就可以利用更低成本和更方便快捷的方式实现移动出行。这进一步抑制了人们对新车的需求欲望。随着移动出行的更加方便和汽车的普及，相关企业不得不下调车辆的价格。

汽车厂家交易成本的增加和汽车价格的进一步下跌，给行业利润的增长带来双重打击，进一步加速了规模不经济时代的到来。如前所述，汽车厂家相继削减了其全球生产能力，这意味着越来越多的汽车制造商正在进入规模不经济时代，全球汽车产业的大规模生产时代已接近尾声。

由于新冠肺炎疫情的暴发，全球市场对汽车的需求量显著减少，汽车制造商随之相继减少产量。然而减产并不能改善规模不经济的问题。由于全球汽车产能过剩，因此即使需求下降，也有越来越多的厂家试图通过降低价格来维持工厂运营，而汽车价格的持续下降也导致了要摆脱规模不经济将很困难。

那么，在行业大变革和新冠肺炎疫情蔓延的困难局面下，汽车制造商如何才能提高利润存活下来呢？简而言之，就是一定要善于利用区块链技术。

通过利用区块链技术，不仅可以避免或显著降低交易成本，还可以利用车辆行驶时收集的数据创造收益，为车辆带来新的附加值。也就是说，可以通过降低现有业务的成本和创造新的卖点来增加利润。在第4章和后续章节中，将更详细地通过应用案例进行说明。

"可赢利的MaaS"需要区块链技术

汽车行业颠覆性变革的背景

随着大规模生产时代的结束，汽车制造商不得不站在一个全新的"赛场"上，探索如何在利用城市数据的新型移动生态系统中生存。

那么，这种新型移动生态系统是什么？图1-3是一幅示意图，它描绘了汽车行业颠覆性变革的背景。

这种生态系统是社会、时代、世代三大因素变化的结果。

这些变化包括：①社会的数字化转型从根本上改变了汽车行业；②在新时代，人们致力于解决全球环境问题（例如限制二氧化碳的排放量、改善城市人口过于集中的问题等）；③80后、90后，乃至00后等年轻一代开始崛起。这些变化使汽车进入"移动出行2.0"时代，汽车不仅是人和物的载体，还是数据的载体。

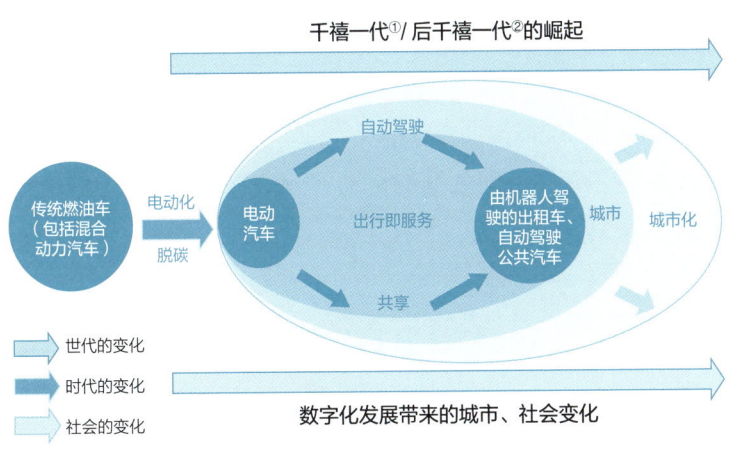

图1-3 新型移动生态系统
（资料来源：笔者制作）

新的移动生态系统

全球范围内对二氧化碳排放量的限制推动了汽车的电动化

---

① 千禧一代：通常指1982—2000年出生的一代人。——译者注
② 后千禧一代：通常指1995—2009年出生的一代人。——译者注

（去燃油化），数字技术的进步推动了自动驾驶技术的发展，促进了包括共享汽车在内的共享经济的构建。在不久的将来，共享自动驾驶电动汽车领域中将出现由机器人驾驶的出租车、自动驾驶的公共汽车等新型出行方式。这将加速城市中人员、货物和数据的流动，在MaaS这一新业务的引领下，城市经济将获得进一步发展。

随着世界范围内城市化进程的不断加速，这种新的生态系统将自然地发展壮大（在图1-3中，CASE的4个要素是各自分散，独立起作用的）。

就汽车生产数量而言，汽车产业已不再有增长空间了，但是如果把它看作处理数据的移动产业，它将有非常大的发展空间。

无法持续开展下去的MaaS

近年来，日本也进行了许多MaaS的概念验证和社会推广。不过，包括日本在内，大部分的试验活动都没能持续做下去。其原因之一是共享服务和自动驾驶的相关法律并不完善，不过更重要的原因在于利润太少，所以这些业务或项目的可持续性较差。

作为人们的代步工具，移动出行可以说是一种公共服务。对它持支持态度的地方政府和公共交通机构不会以赢利为主要目的。移动出行服务追求收益性，却又无法产出利润，所以无法做到可持续发展。

通过引进自动驾驶汽车可以有效降低聘用驾驶员的成本，从而增加收益。但遗憾的是，目前，真正的无人驾驶技术还远远无法实现，而且，因为无人驾驶汽车将减少驾驶员的岗位，其发展仍存在很大阻力，所以引入自动驾驶汽车并不现实。

除了自动驾驶汽车之外，还有很多组合出行模式，即将各种出行工具（铁路、公共汽车、出租车等）结合起来。但是这些出行模式本来赢利能力就很弱，甚至接近赤字，它们的结合只是使微薄的利润在这几种模式中交换而已，并不算是可持续性强的移动出行模式。

区块链可提升销售额

创建"可赢利的MaaS"需要什么？我们的最终目标不仅是要降低成本，还包括必须提高销售额，因此需要区块链技术的支持。具体来说有两种方法。

一种方法是建立一种"让汽车赚钱"的机制。关于这一点已经在前言中进行了介绍。在网联汽车收集的数据中，对城市建设有用的、有助于改善交通拥堵、防止交通事故的数据将自动且实时被提供给城市交通云系统。作为回报，车辆会获得代币。

这样一来，承担MaaS业务的新一代移动出行运营者便可以利用车辆赚取的代币抵消部分运营成本，减轻负担。要实现这一点，需要建立一个移动出行的数据市场，其详细内容将在

第7章中进行说明。

另一种方法是设计一种激励机制，当MaaS的用户进行指定的消费时，会获得代币作为奖励。

利用这样的奖励机制来改变人们的出行方式，将有助于增加MaaS用户的数量。这样一来，相关业务的运费收入和服务收入将增加，这也可以助力创建社区币和本地货币（将在第8章中进行说明）。

全球汽车行业致力推广区块链技术

关于MOBI

世界各地汽车企业都在竞相开展移动业务的创新改革，在此过程中，他们开始将区块链纳入视野范围，认为区块链将是创新的关键。在这一全球性的背景下，MOBI于2018年5月应运而生。

截至2020年8月，作为非营利组织，MOBI成为拥有100多个会员组织的全球性团体。这些成员包括汽车相关企业、信息技术企业、国际组织、政府机构、学术机构、区块链公司等。在成立之初，MOBI的会员数量只有35个，仅仅过去两年，会员数量便增加了约两倍。

在汽车制造商中，MOBI会员包括美国通用汽车、美国福特、德国宝马、日本本田等。在汽车零部件制造商中，会员包括德国的博世、大陆集团（Continental AG）、采埃孚（ZF）以及日本电装（DENSO）和其他全球大型供应商。MOBI已经成为全球汽车行业最大的区块链团体。

MOBI建立了能够享受网络效应的"最简化可实行社区"（MVC），并在社区中推广区块链，为相关技术制定标准，致力打造出对利益相关方而言更加透明的、可信赖的新一代移动出行模式。

MOBI成员的宗旨是"利用区块链及相关技术，使交通运输更环保、更高效、更实惠"。MOBI的活动是无国界的，不分国家、地区、行业，会员组织之间也不存在竞争关系。各小组委员会将探索利用区块链的各种方案，创建标准，并与汽车制造商联合进行概念验证。

2019年7月，MOBI创建了世界上首个车辆数字识别标识的技术标准。在此基础上，我们原计划于2020年在欧洲和美国进行世界首次旨在构建智慧城市的联合概念验证（由于新冠肺炎疫情的影响推迟了启动时间），多个汽车制造商将参与此次验证。将来，我们还将与部分国家和地方政府合作，在世界范围内开展类似的概念验证。

全球汽车制造商在社会上推广区块链技术

世界各地的汽车制造商之所以急于建立区块链社区、开展概念验证、进行社会推广，是因为管理层强烈意识到区块链社会即将真正到来。

美国国际商业机器公司（IBM）和英国智库牛津经济研究院（Oxford Economics）于2018年进行的一项调查显示，在全球1314家汽车相关企业中，有62%的企业都认为区块链技术将在三年之内对汽车行业产生破坏性影响。

另外，世界经济论坛（WEF，World Economic Forum）2016年的报告显示，在针对800位来自全球大型信息技术公司的高管和专家进行的一项调查中，有58%的受访者认为，区块链和比特币等加密资产将在2025年被广泛普及。世界经济论坛还预测，到2025年，全球国内生产总值的约10%将是由区块链技术贡献的（这一比重，在2016年仅为0.025%）。

自动驾驶技术开发进程延缓

全球汽车产业正在迎来CASE和MaaS等新一代汽车出行模式。其中，汽车制造商、美国字母表公司（Alphabet）旗下的子公司慧摩（Waymo），以及中国的新兴信息技术公司均投入大量研发资金，用于开发CASE的核心——自动驾驶技术。然而，感测技术很难取得突破，这成为汽车安全性方面的一大壁垒。近几年，自动驾驶技术的开发进程已经明显延缓。

几年前，人们还预测，全自动驾驶汽车（等级5）将在2025年左右开始推广普及。但是现在业内公认，全自动驾驶汽车的普及最早将从2030年左右开始。

克里斯·乌尔姆森（Chris Urmson）曾经是字母表公司负

责自动驾驶技术开发的核心人物，他之前夸口说："我的儿子永远不需要驾照。"但是，最近他做出大幅让步，说："我们将在今后的30—50年逐步实现全自动驾驶。"

区块链社会比自动驾驶技术更早实现

根据上述调查结果，许多人预计区块链社会将在2021—2025年真正到来。从这些信息以及与MOBI成员的对话中我们了解到，世界各地的许多企业管理者都认为，区块链社会的到来将比自动驾驶汽车的实现更早。

乘用车的完整模型更改周期通常为5—7年。因此，从现在开始设计的新型乘用车一定要通过某种方式搭载区块链技术，或与区块链社会进行某种形式的合作。

当前，汽车产业正处于"百年难遇"的变革时期，许多汽车制造商都在争相开发自动驾驶汽车。但是，正如第3章中将要论述的一样，比起自动驾驶技术，汽车行业更需要优先研究和开发区块链技术。这是"500年难遇"的全新技术和概念。持有这种观点的企业和组织创建了MOBI，他们分秒必争，努力探索应用区块链技术的新一代移动出行模式。

第 2 章

汽车行业也将迎来 web3.0时代

5G技术促成区块链社会

5G的普及推动区块链时代到来

近年来,为什么区块链越来越受到人们关注?因为它的出现是技术革新的结果,而技术革新正是基于新一代通信标准——5G的普及。

继4G之后,5G已开始在全球范围内普及。人们利用其"高速、大容量、低延迟、多连接"的特性,将所有事物都与互联网连接起来,这就是物联网,它正在迅速发展。随着物联网的发展,人们将当前的互联网技术创新称为"web3.0"或"智慧空间网"(The Spatial Web)。

实际上,web3.0包含各种数据技术的革新,很难对它下一个确切的定义。简单来说,web3.0在以下三个课题中进行了技术革新,它们是人机交互的整体操作——用户界面和设备、计算机处理和分析、数据存储和管理(见表2-1)。

表2-1 在web3.0背景下的技术革新

	web 1.0	web 2.0	web 3.0
用户界面和设备	电脑	移动平台和智能手机	增强现实和虚拟现实
计算机处理和分析	托管服务器	云	大数据 + 人工智能
数据存储和管理	共享数据库	云	区块链

(资料来源：笔者制作)

用户界面进化为XR

用户界面在不断发生变化，从个人计算机，到以智能手机为中心的移动设备，再到XR[①]，即增强现实（AR）和虚拟现实（VR）。从web2.0到web3.0，从智能手机到AR眼镜或AR智能头盔，用户界面和用户体验（UX）发生了巨大变化。

发生这种变化的原因之一是随着语音人工智能技术的突破，用户界面从触屏界面发展到使用人声或机械声音的非触摸式语音界面。这将极大改变数据检索过程，从按需选择型的数据检索（启动应用程序之后才能开始检索）转变为实时数据推荐。

苹果公司首席执行官蒂姆·库克（Tim Cook）表示："AR将成为新一代平台。"这说明应对用户界面的急剧变化成了苹果公司的紧迫任务。VR利用区块链技术分配数字识别标识，并生

---

① XR：指通过计算机技术和可穿戴设备产生的一个真实与虚拟组合、可人机交互的环境，通过视觉交互技术融合，实现虚拟世界与现实世界之间无缝转换的"沉浸感"体验。——译者注

成相应的数字孪生,在未来,其应用领域将会不断扩展。

英国一家专注于汽车可视化方案的公司灵光(Zero Light)利用AR和VR技术开发了一种新的购车方式。其首席执行官戴伦·乔布林(Darren Jobling)这样说道:"网络社会的媒体已经从文本、图片发展到视频。未来的媒体会是网络空间中的虚拟形象或数字孪生,它们与现实世界中的人和物保持互动关系。"

信息物理系统

服务器负责分析处理计算机数据,它已经从需要专业人士维护和管理的受管服务器,发展到云服务器,并且还将转变为大数据与人工智能之间的合作。

在web2.0社会中,人们通过访问网络云以获取信息,并通过分析该信息来创造价值。而在web3.0社会中,传感器在物理空间(现实世界)中收集大量信息,并将其存储到网络空间中(即大数据),然后人工智能对这些大数据进行分析,并通过各种形式将分析结果反馈到现实世界中,对人类社会产生影响。

在此物理空间和网络空间之间交换数据的系统称为信息物理系统(CPS,Cyber Physical System)。

去中心化的区块链

在数据存储方法和管理形式方面,web2.0社会是共享数据库，而web3.0社会则发展为区块链。

此前的数据库一直是集中式网络，用户访问的服务器由企业负责管理。在web3.0社会中，集中式网络将转变为区块链的分布式网络。在第3章中将会讲到，这种新型网络出现的原因包括社会改革以及网络终端数据处理技术的改进。分布式网络没有中心，因此不存在中心管理者。

在现实中，边缘计算和云计算负责处理不同区域的信息，二者功能互补，紧密合作共存。当要对大量数据进行实时、准确的处理时，往往采用边缘计算。而对时间不敏感、需要大规模合作、对集中性要求较高的数据，则采用云计算更有优势。云计算的缺点是有安全隐患以及系统容易产生故障漏洞，这些都可以通过区块链技术来消除和弥补。因此，将来区块链云必然能得到进一步的发展。

在M2M世界中区块链不可或缺

当今的人类社会是人与机器相互交流的人机交互世界，而区块链社会则变为机器之间交换数据和价值的M2M世界。

德国汽车实验室公司（German Autolabs）是一家为汽车提供语音人工智能软件的企业。其首席执行官霍尔格·威斯（Holger Weiss）表示："人机交互世界需要语音人工智能。而在M2M世界中，区块链不可或缺。"

区块链是数字孪生的底层技术

数字孪生的出现

如今,商业领域正在进行数字化转型,在这一过程中,数字孪生引起了人们的关注。

数字孪生指的是,利用物联网将现实世界的人或物的信息,近乎实时地发送到网络空间,并在网络空间中再现真实世界中的人或物。真实世界和网络世界中的人或物就像孪生兄弟一样,所以采用了"孪生"这种表达方式(见图2-1)。

数字孪生的世界也被人们称为"镜像世界"。这一概念由美国耶鲁大学计算机科学教授戴维·杰勒恩特(David Gelernter)于1996年提出。

利用数字孪生技术,我们可以在网络空间上有效地监控现实世界中的对象,并进行模拟实验。根据网络空间中的模拟结

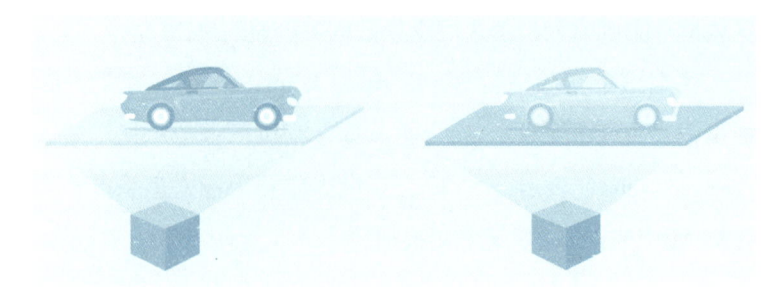

图2-1 数字孪生
(资料来源:MOBI)

果，人们可以提前预测现实世界中事物和机器可能出现哪些故障，以及将会发生什么变化。

美国通用电气公司为航空喷气发动机建立了数字孪生。他们在发动机上安装大量传感器，根据传感器收集的数据制作出数字孪生。通过仿真模拟实验，了解哪些零部件需要更换，以此提高维护和保养飞机发动机的效率。

价值网络

未来，区块链将成为数字孪生的底层技术，原因如下。

人们将网络空间中生成的数字孪生记录在区块链上时，它将不会被复制或篡改。这能够有力保证数字孪生的固有属性（其自身特有的属性），保证其拥有者是唯一的，确定了他对数字孪生的所有权。不过，该所有权可以转让给其他人。

在网络空间中，数字孪生的固有属性以及可转让的所有权是其价值的重要组成部分。在现实世界中，价值转移的媒介是货币，但在网络空间中，价值转移的媒介是加密资产。为了使数字孪生之间能够互相进行交易，需要构建一个使用加密资产作为媒介的价值网络（Internet of Value）。要实现这一切，需要将区块链作为数字孪生的底层技术进行使用。

数字识别标识

生成数字孪生的最重要因素是数字识别标识。数字识别标识是计算机处理网络空间中的人或物时所必需的身份信息。这里的身份指的是与人或物有关的属性数据。生成数字孪生的第一个必要过程就是把数字识别标识记录到区块链上。因此，没有数字识别标识，就不会有数字孪生。

应当注意的是，对于众多利益关联方来说，数字识别标识的表示方式必须基于相同的技术标准。因为如果各自的标准不同，那么在这些不同标准下生成的数字孪生将很难相互交易。

在2019年7月，MOBI在成立仅仅一年之后就制定了汽车数字识别标识标准。之所以急于制定这一标准，是因为在利用区块链技术的所有案例中，车辆数字识别标识都是基础（见图2-2）。

图2-2 车辆数字识别标识
（资料来源：笔者对MOBI公开资料的翻译）

第 2 章 汽车行业也将迎来 web3.0 时代

数字孪生为MaaS和CASE带来收益

镜像世界中的数字孪生

图2-3简单描绘了使用车辆数字识别标识生成的数字孪生

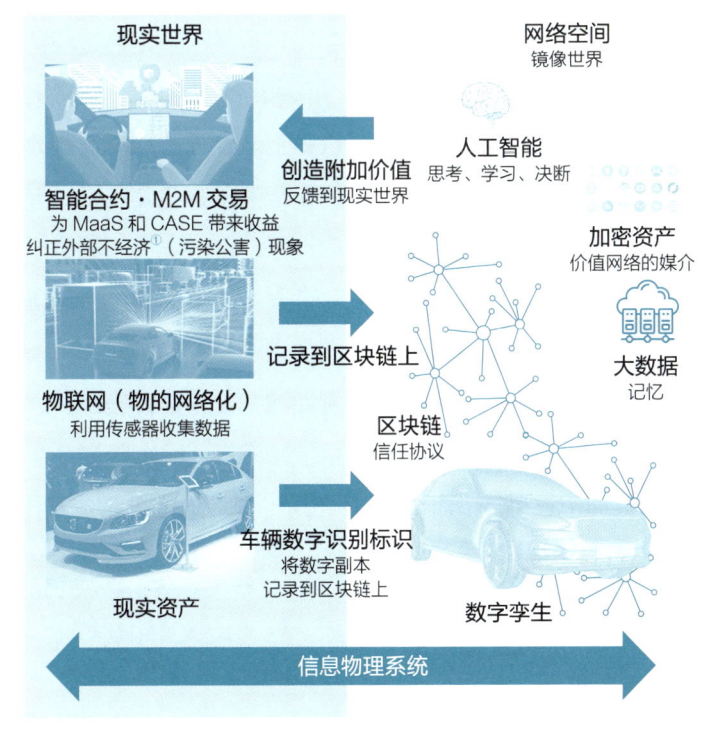

图2-3 镜像世界与数字孪生
（资料来源：笔者制作）

---

① 外部不经济：指某些企业或个人因其他企业或个人的经济活动而受到不利影响，又不能从造成这些影响的企业或个人那里得到补偿的经济现象。——译者注

以及信息物理系统（CPS）。

镜像世界的构成要素包括：钱包、车辆数字识别标识、物联网、区块链、加密资产、大数据和人工智能。

钱包是连接现实世界和网络空间的门户。关于钱包，将在后文进行详细论述。现在，我们暂时把它看作存储和管理加密资产及数字识别标识的"钱袋子"。

我们把通过钱包进行管理的车辆数字识别标识记录到区块链上，并在网络空间中创建数字孪生，将其作为车辆（现实资产）的数字副本。在物联网中，车辆的各种传感器检测出数据，并自动将数据实时记录在区块链上。人工智能将这些数据汇总到大数据（网络空间中的存储设备）中，与此同时，根据该数据掌握现实世界的对象和行动过程，针对现实问题给出最佳解决方案。人工智能不断给现实世界中的车辆提供最佳解决方案，这样信息物理系统就被建立起来了。

在镜像世界中，数字孪生（例如汽车、基础设施等）之间进行交易时，其价值转移的媒介是加密资产，而加密资产由钱包进行管理。这就是所谓的V2X交易（车辆与外界的交易），它可以通过利用智能合约实现M2M交易。

车辆自动进行数据交易

通过汽车数字识别标识创建数字孪生，能够为MaaS和CASE带来收益。例如，当车辆行驶时，安装在车辆上的传感器会自动检测行驶道路和周围环境的情况。若将这些数据上传（提供）到当地政府的网络云中，车辆可从地方政府那里获得代币作为奖励，这些代币可以充当高速公路的通行费。这就是车辆在行驶过程中收集数据，并自动进行贩卖的机制。

在其他案例中，在同一条道路上行驶的车辆可以通过M2M的方式，将行驶数据和道路环境情况有偿提供给交通管理部门，以此降低交通事故和交通拥堵的风险。即使不是全自动驾驶的汽车，也可以通过与附近其他车辆和道路基础设施自动交换数据来实现安全驾驶。

通过V2X数据交易，实现与自动驾驶汽车同级别的安全驾驶，人们称其为协同式自动驾驶（Coordinated Autonomy）。在不久的将来，无人机在空中探查道路环境，与地面上的车辆进行信息交换，以协作的方式实现自动驾驶，这将不再是梦想。协同式自动驾驶还可以降低自动驾驶所需的开发成本。

更具体的案例将在第7章中进行说明。

以人为本的设计改变了车辆和用户的出行模式

利用区块链和加密资产，可以改变车辆和用户的出行模式，这将有助于减少城市中的交通拥堵和尾气排放等公害问题。

地方或社区支持新一代出行模式，它们包括驾驶不排放有害尾气的电动汽车，以及共享汽车等。社区为提供这种出行模式的车辆和使用这种出行模式的用户支付代币。这样，地方政府可以不必为了减少污染而投入大量资金来改善和扩充基础设施。他们只需通过支付代币鼓励和支持人们改变出行模式，就可以达到减排和疏导交通的目的。关于这一点，将在第7章进行详细介绍。

区块链打造智慧城市

新加坡创建数字孪生

为城市提供新一代移动出行模式，积极建设智慧城市，这样的呼声在汽车行业越来越高。通过安装在汽车和街头的传感器，将整个城市接入互联网，地方政府能够收集网络中的大量数据，利用它们打造出更方便快捷的城市，这就是智慧城市。随着信息与通信技术和物联网的发展以及5G的出现，现在全世界的城市都在探索智慧城市的构想。

其中，新加坡正在实施一个大型智慧城市项目。这个项目就是为整个国家创建数字孪生。2014年1月，李显龙总理在新加坡提出了"智慧国"（Smart Nation）构想，其目标是利用数字技术创建一个舒适宜居的社会。

为了实现这一目标，新加坡正不断推进物联网发展，其中包括将国土信息数字化以及安装各种传感器。新加坡还有一个更具体的项目，名为"虚拟新加坡"（Virtual Singapore）。该项目旨在将整个国家进行3D数据转换，在网络空间中创建城市的数字孪生。

"虚拟新加坡"项目由新加坡国立研究基金会（NRF）、新加坡土地管理局（SLA）、资讯通信发展管理局（IDA），以及法国达索系统公司（Dassault Systems）牵头，为新加坡创建数字孪生，助力打造智慧城市。具体应用包括：通过模拟发电量来确定光伏电池板的安装位置；通过模拟汽车等交通工具来减轻交通拥堵，改善公共交通状况；制订城市基础设施的维护计划等。

智慧城市和智慧出行的基础是区块链

新加坡的另一个国家计划是移动出行改革，主要指的是开展自动驾驶汽车的概念验证。因为国土面积狭小，自1990年以来，新加坡人在购买汽车时不得不以公开竞标的方式，购买一种权利证书（COE，Certificate Of Entitlement）。这种证书发行数量少，价格昂贵，其目的在于抑制新加坡汽车数量的增长。

然而，在交通基础设施有限的背景下，一方面人口不断增长，对交通的需求日益增加；另一方面公共交通工具资源紧张和人口的老龄化正在加剧。在这种情况下，如何提高出行效率成为一个迫在眉睫的问题。新加坡政府急于在社会上推广无人驾驶汽车，希望可以通过它来解决该国许多与出行相关的难题。

新加坡政府正在积极想办法放松一些法律法规的限制，以普及自动驾驶汽车，积极创造合适的内外环境进行相关的概念验证。2019年1月，新加坡贸易和工业部管辖下的工业和贸易促进机构——新加坡国际企业发展局（IE Singapore）在开发和引入自动驾驶时，公布了行驶和网络安全性方面的《自动驾驶汽车技术参考准则》（TR68）。

同年10月，新加坡陆路运输管理局（LTA）计划将自动驾驶概念验证的区域扩展到该国整个西部地区（相当于全长约1000千米的公路）。而此前，验证区域仅限于包括圣淘沙岛和裕廊岛在内的新加坡的四个地点。

在新加坡政府的积极支持下，新加坡国内虽然没有汽车产业，却已成为世界上自动驾驶环境最完备的国家。

新加坡旨在建设以智能出行为中心的智慧城市，其底层技术之一正是区块链。该计划构想是为人或物（车辆和交通基础设施）设计出数字识别标识，使用区块链技术管理它们，创建数字孪生，从而创造各种经济和社会价值。

通过这种方式，国民可以享受量身定制的行政服务，国家能够打造高效的、可持续的移动出行社会。全体国民都能享受公共服务、金融服务、移动出行服务，社会的包容性得到增长，这一点正是智能出行可持续发展的基础。

另外，区块链技术使用户（国民）成为数据生态系统的主导，他们对自己的个人数据拥有控制权。这种身份叫自主身份（SSI，Self-Sovereign ID），或者去中心化身份（DID，Decentralised ID）。近来，越来越多国家和地方政府在积极利用自主身份和去中心化身份，为国民提供更好的服务。一个很好的例子是丹麦和爱沙尼亚向公众免费提供数字身份证。

旨在成为世界区块链中心

新加坡还在积极振兴自己的区块链社区，努力将其打造成世界区块链中心。2018年12月，新加坡创建了该国第一个区块链加速器——部落加速器（TA，Tribe Accelerator）。

部落加速器积极与新加坡国际企业发展局、新加坡政府监管的淡马锡控股公司、亚马逊网络服务公司、花旗银行、法国安盛集团（AXA）、宝马集团（以下简称宝马）等跨国企业合作。同时部落加速器还与MOBI及其会员展开技术合作。这些会员包括IBM、美国区块链技术研发企业ConsenSys、美国区块链初创公司R3、美国区块链数据共享平台Ocean Protocol、区块链平台特所思（Tezos）和中国的唯链（VeChain）等。

除了金融科技领域之外，新加坡政府还重视在其他领域推广普及区块链技术。通过部落加速器，新加坡与各个国家和地区、各个行业的企业和机构开展合作，全力支持初创公司的发展。区块链是建设智慧国家和智慧城市的核心技术之一。

新加坡的Limestone Network公司（以下简称LN公司）就是在部落加速器的帮助下走到世界舞台的初创企业。这是一家区块链开发公司，主营业务是为客户提供与智慧城市相关的解决方案。该公司成立于2018年12月，主要客户是东南亚房地产开发商，公司为他们搭建物流、会计和人事管理相关的全方位信息管理系统。

2019年12月，公司与柬埔寨工业物流园区MSQM Park建立了合作伙伴关系。该园区于同年8月在柬埔寨首都金边建成。双方合作的区块链基础设施开发计划已于2021年6月开始实施。

该园区内共有大约1200名居民和相关从业人员，他们将获得由LN公司基于区块链技术开发的手机应用程序——"数字护照"。这种数字护照的使用方式如下。

首先，每个人在手机应用程序中输入自己的数字身份识别标识。系统在国际犯罪数据库中进行搜索，如果确认这个人没有犯罪记录，那么他的数字身份识别标识会被记录到区块链中，并获得一个数字钱包。通过身份验证且拥有数字钱包的人，可以使用该公司独立开发的加密资产，享受各种数字服务。而位于同一园区的企业，可以利用使用加密资产的代币经济，提高物流效率和账务准确性、加快签约和结算的速度。

LN公司在接下来的五年中，将参与柬埔寨其他城市的多个智慧城市项目。除了本国新加坡之外，他们还计划在马来西亚、菲律宾等国家，与地方政府共同开发类似的区块链系统。该公司还宣布，在继续推进智慧城市项目的同时，还将根据居民、汽车和数据流开发城市的数字孪生，打造出更环保、更智慧的城市。

区块链增强城市的包容性

LN公司联合创始人艾迪·李（Eddie Lee）在接受媒体采访时说："智慧城市的特征不仅只是拥有代表未来的最先进科

技，还必须具有包容性，所有人（包括社会地位较低的人）都可以参与其中。"

　　新兴国家的大城市的城市化进程正在不断加快。对这些城市来说，建设智慧城市是当务之急。随着不同社会背景的人们涌入，城市出现了许多亟待解决的问题，例如地价飞涨、失业率上升以及严重的交通拥堵和空气污染等。要做到最大限度地利用现有社会基础设施，在满足社会包容性的同时实现城市可持续发展，离不开区块链的帮助。区块链使城市变得更加智能，是建设智慧城市的有效技术手段。

第 3 章

区块链是500年难遇的重大变革

本章将介绍区块链出现的背景、带来的影响，区块链对实现可持续发展目标的作用和重要性，以及区块链的关键词和主要技术。已经熟悉区块链，想了解区块链在移动出行中的意义和应用案例的读者可以直接阅读第4章及以后的内容。

记账革命和信息革命

区块链于2008年横空出世

区块链的出现极大地震惊了社会，它完全不同于迄今为止的其他新技术和新概念。它的横空出世，从根本上颠覆了现有的社会、政治、经济、文化的秩序和构成。这是一个具有革命性的事物。那么，要怎样理解其"革命性"呢？

区块链于2008年突然出现。在全球金融危机爆发之时，一个自称中本聪的神秘人物（或组织）在互联网上发表了一篇论文。论文提出了一种新型电子货币系统，它使用一种被称为比特币的加密资产，按照P2P的方式进行交易。世界上所有利用区块链技术的、具有划时代意义的服务都基于这种比特币机制。

随着区块链的出现，我们迎来了"500年难遇"的大变革。之所以说"500年难遇"，是因为区块链引起了500年来的第一次记账革命和信息革命。这意味着区块链将从根本上改变人们的既有概念，而这些概念是交易记录方式和信任协议的基础。

500年前发生的两次革命

500年前发生的革命是什么？记账革命方面，在哥伦布发现美洲大陆两年后的1494年，数学家卢卡·帕乔利（Luca Pacioli）在《算术、几何、比及比例概要》中，用学术观点介绍了威尼斯商人的记账技术——复式记账法（Double-Entry Bookkeeping）。该著作于1523年在意大利小镇托斯科拉诺再版，此后在世界各地传播了数百年。

信息革命与记账革命发生的时间相差无几。1445年，在德国美因茨，约翰内斯·古腾堡（Johannes Gutenberg）发明了西方活字印刷术，为现代工业社会奠定了基础。

复式记账法的诞生

以货币为媒介进行物的交换，被人们称为"交易"。记账是记录交易的方法，它有着悠久的历史，来源于6世纪印度商人所掌握的正数（财产）和负数（债务）概念。印度商人的这一观念在8世纪传入阿拉伯地区，11世纪，阿拉伯数学家用负数来表示负债之后，这一概念又传播到了欧洲。

数字的概念已经形成了很长一段时间。公元前6世纪诞生的印度数字，于公元773年传到了阿拔斯王朝的巴格达。在此，印度数字演变为"阿拉伯数字"，又历经约800年传到了西班牙。

在1202年，意大利比萨的数学家列昂纳多·斐波那契（Leonardo Fibonacci）出版了《珠算原理》（*Liber Abaci*），加速了阿拉伯数字在西欧的传播。来自印度的记账概念和数字在发展的同时结合在一起，形成了复式记账。这种记账方法基于借贷双方的总额应该时刻保持相等的原则，系统地记录、计算和整理各种交易数据。

在复式记账法诞生之前，和初次见面的人进行交易时，人们很难判断对方是否值得信赖。此时往往通过个人直觉，或者可以信任的人为其担保的方式来解决这个问题。复式记账法出现之后，交易双方各自对交易进行记录，并且要使借贷双方总额保持相等。通过这种记账方式，任何人都能通过查看账本来了解对方的资金情况，判断对方的信用状况。

复式记账法的出现使资金活动变得活跃起来，经济也随之迅速发展。从这个意义上说，复式记账法是具有革命性的发明。

活字印刷术的诞生

约翰内斯·古腾堡发明的西方活字印刷术保证了货币可以大量生产，促进了货币经济体系的建立。人们可以使用货币交换商品，这一行为的前提是货币使用者之间相互信任。换句话说，货币之所以有价值，是因为所有的货币使用者都相信"其他人也认为货币是有价值的"。

随着活字印刷术的出现，人们可以大量复制信息，于是产生了集中化的组织。人们准确且大量地复制了设计图和科学论文，促进了制造业的发展，在某种程度上构建了大量生产、大量消费的社会，紧接着股份公司和银行也诞生了。货币经济体系为这种集权组织的发展奠定了基础。

"追逐利润、积累财富""不劳动者不得食"观点传播、发展为近代资本主义的伦理规范。在这种思想的影响下，从事金融业的犹太人在欧洲地位有所提高，罗斯柴尔德家族崛起，国际银行业发展起来。

约翰内斯·古腾堡的西方活字印刷术对人类构建新的信任协议（货币体系、集权型组织）产生了重大影响。

三式记账法的出现

区块链带来的巨大变革如图3-1所示。

首先是三式记账法。这是一个崭新的概念，人们进行交易并将交易记录记入区块链时，采用的就是三式记账法。这种方法取代了传统的复式记账法。

在交易时，买卖双方在各自的账本中记账，这一点与复式记账法相同。但是，除此之外，他们还要将交易信息写到分布式的共享账本中，以此来确保会计信息的准确性。这就是三式

图3-1 区块链带来的巨大变革

记账革命
复式记账
（1494 年）

信息革命
西方活字印刷术
（1445 年）

中本聪的出现
区块链的诞生
（2008 年）

三式记账法的出现

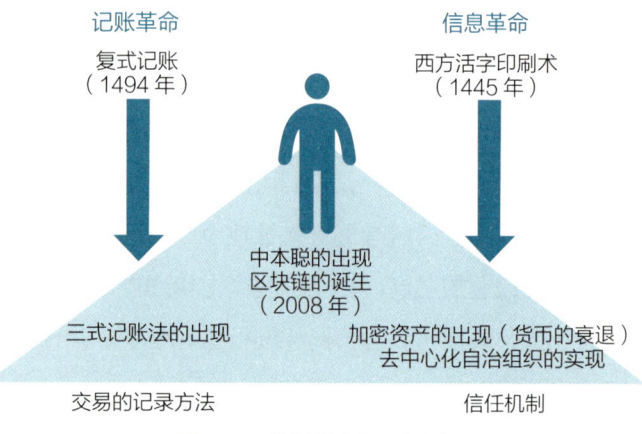

加密资产的出现（货币的衰退）
去中心化自治组织的实现

交易的记录方法

信任机制

图3-1 区块链带来的巨大变革
（资料来源：笔者制作）

记账法。

这种记账方法将极大地改变常规会计流程，催生出很多新的会计方法。例如，采用三式记账法的股份制公司会有如下操作。

基于区块链技术的三式记账法可以大幅减少会计（公司内部会计师的工作）和审计（审计公司的工作）方面的巨额成本。这些成本是使外部利益相关者（如股东、债权人和政府官员）验证公司财务信息的有效性和可信度所需的信用成本。信用成本是一种交易成本。

采用三式记账法，双方的交易记录都被记录到区块链上，无法进行篡改。另外，如果把交易数据公开出来允许任何人随时查看的话，那么股东和会计师等第三方就可以有效地搜索和验证信息。换句话说，第三方可以实时检查财务信息。

如果担心完全公开信息会泄露隐私，则可以设定访问权限，只有需要共享信息的利益相关者（如主管方、公司董事和主要股东）才能看到信息。此外，公司产品、服务的销售记录和经费开支情况，连同时间戳（电子时间证明）一起记录到区块链上，这时就能自动创建出一份财务报表。

如果通过网络云操作，那么就可以实时监控各种分类数据，节省了企业与审计人员之间递送收据和资料的时间。因为无须写到纸上，所以不会出现录入错误。会计员和审计员通常检查的都是过去的交易情况，而随着自动化的发展，他们可以实时检查从过去到现在的交易情况。同时，因为企业无法篡改区块链上的财务信息，所以不太可能做出欺诈行为。

大公司可能不喜欢三式记账法，因为这使会计记录变得透明。尤其是管理层，他们希望在收益计算方法、折旧方法和管理权的处理方面留出一定程度的自由。尽管如此，采用三式记账法的优点仍然很多。它不仅可以大幅削减传统的复式记账法带来的信用成本，而且可以通过提高财务报表的透明度来增加企业估值。

现在，许多机构投资者都对公司治理提出了严格的要求，不会投资给那些不符合要求的公司。它们更倾向于投资那些财务状况清晰的公司。将来，公司治理的一个重要条件可能包括是否使用三式记账法。实际上，在美国，区块链开发公司Balanc3已经在着手开发使用以太坊的三式记账会计系统。

公司可以利用三式记账法大幅降低信用成本，个人同样可以利用它减少交易成本。因为当要证明我们提交数据的正确性，或者证明自己的信用很高时，它可以帮助我们节省一部分成本，而这部分成本是未使用三式记账法之前必须支付的。

新的信任协议

区块链带来的信息革命指的是它创建的新信任协议，这一点可以通过分布式网络中不断产生新的货币和组织概念这一点来解释。随着2008年比特币的登场，市场上开始出现大量加密资产，现实货币的使用率开始降低，加密后的数字货币逐渐普及。今后，基于区块链和加密资产的去中心化自治组织将陆续诞生。

借用区块链领域的权威发言人亚力克斯·塔普斯科特（Alex Tapscott）的话来说，去中心化自治组织将会诞生于20××年。

去中心化自治组织的结构与传统组织不同，它的日常事务主要通过程序来执行，无须设置首席执行官或其他管理职位。组织中有各种人工智能，即使没有指示，它们也能够根据智能合约自动做出合理的判断并采取行动。在这样的组织中，无须付给首席执行官等管理人员大量报酬，挂名的管理人员和无用的内部流程都是累赘，办公室政治当然也不存在。自动工作的人工智能会根据明确的目标，合理推进工作。

人类员工和合作企业也根据智能合约开展工作。酬劳不是按月或者按周发放，员工在完成规定工作后立刻就能领到薪水。无论员工是人还是人工智能，本质上并无差别，有可能你会发现给自己发布命令的只是人工智能。

上司是人工智能也不是一件荒唐事，因为它礼貌待人，指示合理，所以可以减轻员工的身体和精神负担。如果将管理科学编入智能合约，让人工智能以令人信服的方式为员工分配工作、评估业绩的话，那么人类员工可以更愉悦地工作，还能有更多工作之外的个人时间。

这样一来，人们就可以将更多时间花在创作活动上。去中心化自治组织的客户会获得及时、公平的服务，而得益于实时会计的帮助，股东可以更频繁地获得股息。组织在明确的规则下，以公平公正的方式开展经营活动，如同开源软件[1]一样，事业前景良好。

实际上，比特币就是去中心化自治组织的一种。如果把比特币看作股票，把比特币持有者看作股东，那么比特币系统则相当于从事股票转让的机构，矿工（在区块链中生成区块的计算机）是员工。"员工"可以获得一部分"股票"作为劳动报酬。要使这种"机构"得以建立并运转，需要一定的技术。这一技术由"员工"组成的开发社区负责维护，"机构"中没有管理者。去中心化自治组织不仅仅只是一种创想，它已经开始出现。

相当于500年前的社会变革

500年前的欧洲正处于文艺复兴时期。在1348—1420年的欧洲中世纪大瘟疫流行结束之后，立即出现了各种变革创新，

---

[1] 开源软件：指开放源代码软件。——译者注

打破了以往的旧观念，产生了新的秩序。不可思议的是，我们现在置身于新冠肺炎疫情大流行和区块链社会的发展中，这与500年前欧洲改革时期的情况非常相似。在与新冠肺炎疫情共存的时代，区块链正在从根本上颠覆货币和信用体系中的既有观念，它正在成为新的经济和社会秩序的底层技术和概念。

区块链加速实现可持续发展目标

联合国积极利用区块链技术

"为了使联合国更好地履行我们在数字时代的使命，它需要采用区块链这样的技术，帮助加速实现可持续发展目标。"

联合国秘书长古特雷斯于2019年12月29日在《福布斯》中撰文做出了以上声明。

为了达成全球公认的可持续发展目标，联合国希望人工智能、生物技术和区块链等数字技术能帮助解决全球性课题。如今，联合国正在积极利用区块链技术助力达成可持续发展目标。之所以如此重视区块链技术，是因为可持续发展目标中有一项重要课题——社会包容，要实现社会包容目标，区块链必不可少。

可持续发展目标的核心是社会包容

以下就可持续发展目标做简单介绍。于2015年9月举行的联合国首脑会议上通过了《2030年可持续发展议程》，其中列出了到2030年为止，要建立一个可持续发展的、更美好的世界所必须达到的国际指标，它包括17项可持续发展目标和169项具体目标。

联合国在可持续发展目标中的口号是"不让任何一个人掉队"。联合国承诺"我们将首先尽力帮助落在最后面的人"，努力让所有人都可以享受到可持续发展带来的好处。

从口号中可以看出，可持续发展目标的核心可以用一个词来表示，那就是"社会包容"。良好的社会包容性可以降低社会活动的门槛，无论国籍、年龄、性别，不管健康人士还是残障人士，所有人都可以充分发挥自己的聪明才智，自由地参与社会活动。

区块链从六方面助力达成可持续发展目标

社会包容具体指什么？如何利用区块链实现这一目标？联合国开发计划署（UNDP）在"超越区块链"（Beyond Blockchain）官方网站中，利用具体事例对"区块链从六方面助力达成可持续发展目标"做出了解释。

（1）**促进普惠金融**

根据世界银行的资料，全世界有17亿成年人没有银行账户或无法使用银行。因为对于贫困地区的人们来说，拥有银行账户的门槛太高，这些门槛包括过高的最低余额、最低付款金额和手续费等。没有银行账户的人无法参与经济活动，这进一步扩大了贫富差距。

在塔吉克斯坦，尽管银行账户持有量较低，但为了依靠亲人的汇款度日，仍有40%的家庭拥有银行账户。他们的亲人主要前往俄罗斯打工，然后将收入汇入身在塔吉克斯坦的亲人的银行账户。

联合国开发计划署与金融科技公司一起利用区块链开发了一个国际汇款网络和移动应用程序。用户只需输入他们的电话号码和数字身份识别标识即可开设一个账户。这样可以节省在现金汇款时额外产生的费用，使汇款变得更加快捷方便。

（2）改善能源获取途径

根据国际能源署（IEA）的数据，全世界大约有10亿人仍然无法获得足够的电力资源。这部分人主要集中在农村地区。如果使用区块链技术，就能够将物联网应用于可再生能源和智能电表领域，利用智能电网实现电力资源本地生产、本地消费，并可以为剩余电力建立销售网络，将电力卖出去赢利。

东南欧的摩尔多瓦共和国，过去5年以来，其74%的能源都依赖于进口，燃料价格上涨了50%以上。现在，该国最大大学的教学楼上已安装了大量太阳能电池板，产生的太阳能将卖给外部企业、学校和住宅，电池板的所有者会获得代币（加密资产）作为奖励。

（3）负责任地生产和消费

现在，世界上几乎所有国家和地区都依赖于全球供应链网络，因此高效且透明的供应链管理已成为亟须解决的课题。使用区块链可以确保供应链的可追溯性，降低交易成本，显著改变人们的生产和消费习惯。

厄瓜多尔共和国的可可豆种植已有数千年的历史，但是最近那里的许多农民却因为无法从买家处获得适当报酬而面临破产的危机。联合国开发计划署和荷兰非政府组织公平链基金会（Fair Chain Foundation）发起了一个基于区块链技术的项目，旨在帮助可可豆农户进行公平贸易。

"再来一根"（The Other Bar）巧克力棒的原料中使用了厄瓜多尔农民种植的可可豆，它的包装上印有二维码，使用智能手机扫描二维码后便可以看到巧克力棒原材料的采购过程，例如交易过程是否公平、是否节能环保等。除此之外，还可以看到可可豆和巧克力棒的分销渠道、制造过程、加工者、生产者，甚至是可可树的生长情况。

消费者可以利用代币（已经包含在购买价格中）直接向可可豆农户捐款。在区块链技术的支持下，整个种植和采购流通过程高度透明，而且可追溯。这样一来，消费者可以买得更放心。他们看得到生产者和生产情况，愿意去支持他们，因此，即使这款产品最终价格中包含了代币价格而比较昂贵，消费者也会购买它，为社会做贡献。

如今，这种道德消费（Ethical Consumption）正成为全球趋势。区块链保证了产品的可追溯性，帮助农民获得了更多的回报。

（4）环境保护

商业砍伐和火灾造成的森林损失是严重环境问题之一，直至今日仍未得到解决。全世界每年有960万棵黎巴嫩雪松被森林大火烧毁，被指定为世界遗产的黎巴嫩雪松森林面积正在迅速缩小。

有这样一个项目，它为种植黎巴嫩雪松的人提供代币作为报酬。移居国外的黎巴嫩人或者具有社会责任感的企业，可以以投资者的身份参与到这个集资众筹项目中。每种植一棵黎巴嫩雪松，投资者和守护雪松的社区都能获得雪松币（加密资产）作为奖励。这种机制为环保行为提供奖励，使人们对于环保的贡献变得可视化。

另外，在这个项目中，投资太阳能发电技术也可以使用雪松币交易。只要是减少二氧化碳排放的行为都可以获得代币作为报酬。

（5）提供合法身份

公民要享受医疗服务、资源分配、法律保护、金融服务，就一定要有身份证明。但是，全世界有超过7000万的难民并没有合法身份（例如护照）。

2017年，联合国世界粮食计划署（WFP）为约旦的叙利亚难民建立了一个区块链平台，该平台的数字身份识别标识是每个人独有的眼睛虹膜。在此之前，没有护照的难民通过现金或者优惠券购买食物和服务，而现在可以通过扫描虹膜识别身份,然后领取食物、享受服务。

通过这种方式,世界粮食计划署成功将与金融服务相关的管理成本降低了98%,更顺利地为难民提供了医疗、食品和教育服务。使用区块链管理难民数字身份识别标识,除了可以为难民提供适当、及时的服务以外,还可以甄别出混入难民当中的犯罪分子和恐怖分子。

(6)提高援助效力

用加密资产进行捐赠的好处是保证了整个过程的透明度,同时避开了中介。联合国开发计划署要处理大量捐款用于全球发展,利用区块链可以杜绝捐赠流程中的低效现象,提高捐赠的有效性,打击贿赂和腐败行为。

联合国儿童基金会(UNICEF)于2019年10月设立了"联合国儿童基金会加密货币基金"(UNICEF Cryptocurrency Found),并已开始接受比特币和以太币等加密资产的捐赠。

"后进者"与落后之处

可持续发展中的众多"后进者"在哪里?他们在哪些方面发展落后?从2016年开始,德国贝塔斯曼基金会和可持续发展解决方案网络(SDSN)每年都会整合各种数据,发布联合国所有193个国家和地区的可持续发展目标指数表现,从中我们可以看出一些端倪。

表3-1按照目标类别总结了主要国家和地区的可持续发展目标指数。可持续发展目标指数的全球平均值是66,但印度

(61.1)、中东(64.5)和非洲(55.1)都低于平均水平。

从目标类别看,对基础设施和技术创新的持续性投资这一类(SDG 9)远远没有达成目标,世界平均指数只有35.1。从地区实现目标的程度来看,在基础设施和技术创新的持续性投资方面,发达国家和地区(例如日本、欧洲、美国、中国)与其他新兴地区(例如东盟、印度、中东和非洲)之间的差距非常大。

表3-1 主要国家和地区的可持续发展目标指数

国家和地区	日本	欧洲	美国	中国	东盟	印度	中东	非洲	世界平均
SDGs 指数(共17个目标平均值)	78.9	76.8	74.5	73.2	66.5	61.1	64.5	55.1	66.0
SDG 1 消除贫困	99.0	98.9	98.9	97.4	85.0	71.4	94.4	38.1	74.4
SDG 2 消除饥饿	68.0	61.2	66.0	71.9	57.1	42.6	49.8	47.2	53.6
SDG 3 健康福祉	94.9	89.1	89.5	81.1	68.2	58.8	75.7	47.0	70.0
SDG 4 优质教育	98.1	93.8	89.3	99.7	85.8	80.2	76.7	52.2	76.9
SDG 5 性别平等	58.5	72.1	73.4	76.3	63.2	33.2	42.8	51.3	60.2
SDG 6 清洁饮水	84.5	85.5	85.0	71.8	71.1	56.6	55.6	51.8	67.6

续表

国家和地区	日本	欧洲	美国	中国	东盟	印度	中东	非洲	世界平均
SDG 7 清洁能源	93.4	90.8	93.2	76.9	70.1	65.4	86.3	39.6	71.1
SDG 8 体面工作	88.5	78.3	85.2	87.4	73.2	83.2	65.2	63.5	71.6
SDG 9 工业创新	79.9	58.2	83.3	61.9	37.3	28.7	40.3	16.0	35.1
SDG 10 社会平等	76.8	77.6	47.7	59.5	60.7	49.0	68.1	47.9	59.1
SDG 11 永续社区	75.4	83.7	82.5	75.1	77.4	51.1	58.9	59.5	71.8
SDG 12 永续供求	55.6	59.8	36.5	82.0	83.5	94.5	69.8	91.5	77.4
SDG 13 气候行动	90.4	86.4	66.1	92.0	88.9	94.5	76.9	91.3	86.6
SDG 14 海洋环境	53.6	49.1	60.9	36.2	44.3	51.2	45.3	54.1	50.5
SDG 15 陆地生态	70.0	75.1	76.9	62.7	48.2	51.1	53.9	67.8	64.8
SDG 16 机构正义	90.3	78.9	76.1	63.4	66.2	61.3	66.5	55.6	66.0
SDG 17 全球伙伴	64.9	67.9	56.2	49.5	49.9	65.7	70.3	62.0	64.5
互联网普及率（%）	90.9	80.9	75.2	54.3	54.4	34.5	68.0	25.2	52.2

续表

国家和地区	日本	欧洲	美国	中国	东盟	印度	中东	非洲	世界平均
金融账户、移动支付保有率（%）	98.2	85.1	93.1	80.2	50.6	79.9	58.1	38.5	58.8

注：1. 阴影部分的数字低于世界平均水平。
2. 互联网普及率是互联网用户数与总人口之比。
3. 拥有银行和其他金融机构账户或使用移动支付的比例是指15岁及以上人口占总人口的百分比。

[资料来源：笔者根据Sachs, J. et al.（2019）创建]

Z世代是"web3.0世代"

"新兴地区"的一个共同特征是人口都比较年轻，1995年以后出生的Z世代比例特别高。Z世代的父母很多都是千禧一代（出生于20世纪80年代至20世纪90年代中期），因此，Z世代也被称为后千禧一代。

Z世代具体出生于哪一年？尽管没有明确定义，但在世界范围内通常指的是20世纪90年代中期到21世纪10年代初期出生的人。因为可持续发展目标的预计实现时间是在2030年，届时这部分年轻人将成为重要劳动力，因此，本书将Z世代的范围划定为1995年以后出生的人。

图3-2显示的是按世代划分的人口构成比例（根据联合国公布的截至2020年中期主要国家和地区的人口预估数量计算得出）。目前，Z世代占比最多，占世界人口的41%。千禧一代次之，占总人口的22%。将二者合在一起的话，目前40岁以下的

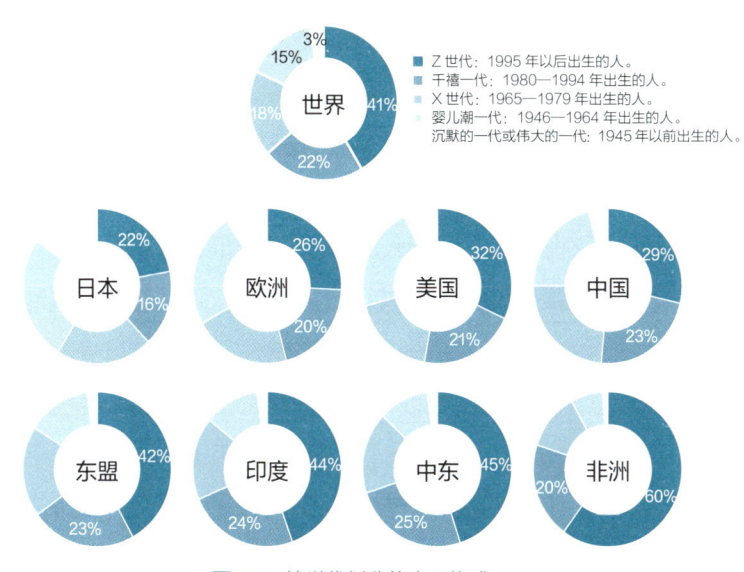

图3-2 按世代划分的人口构成
（资料来源：笔者根据联合国公开数据制作）

人口占世界人口的63%，接近三分之二。

其中，东盟、印度、中东和非洲的Z世代人口构成比例高于世界平均水平，非洲甚至达到了60%。在这些地区，40岁以下的人口比例接近70%，而非洲则高达80%。

这些人身处数字化浪潮中，是伴随着信息技术的发展成长起来的。千禧一代是数字先驱者，他们在过去的20年中，一直是雅虎、谷歌等搜索引擎，以及移动设备和即时通信的忠实用户，千禧一代不断推动这些数字产品的发展。Z世代是由千禧一代抚养长大的、真正意义上的数字原生代。他们已经一跃成为数字社会的领导者，但他们的价值观与千禧一代的价值观截然不同。

千禧一代是由婴儿潮一代[①]抚养成人的，婴儿潮一代成长在经济不断增长的环境中，价值观较为传统，而千禧一代则生活在经济动荡中。Z世代通过社交软件了解各种社会和经济问题，可以在学校学到环境和可持续发展方面的知识，所以与千禧一代相比，Z世代对世界和人生的看法更加现实。

Z世代具有强烈的自主精神和目的意识，他们最大限度地利用数字技术，不断吸收最新信息和价值观，以提高自身的适应力，应对全球化带来的负面影响——不稳定的社会和经济环境。他们除了追求社会多样性，要求在全球范围内尊重人类平等之外，还要求社会具有一定包容性，允许人们比较自由地表现个性、表达观点，并希望获得认可。因此，Z世代可以毫无障碍地接受由去中心化分布式网络组成的区块链社会的到来。事实上，创建并使用区块链技术的人当中，也是Z世代居多。可以说，Z世代是"web3.0世代"。

实际上，从"可持续发展"或"可持续性"这两个术语的起源来看，社会包容中含有"着眼于未来一代人"的含义。

可持续发展的概念最初出现在1987年联合国世界环境与发展委员会发布的报告书《我们共同的未来》中。当时的挪威首相格罗·哈莱姆·布伦特兰（Gro Harlem Brundtland）担任该委员会的委员长，故该委员会也称为"布伦特兰委员会"。这篇报告书对可持续发展做出了如下定义。

（可持续发展指的是）在不损害子孙后代发展能力的情况

[①] 婴儿潮一代：指出生在各国的生育高峰期的人。——译者注

下，满足当代人需求的发展。

Z世代即将在2030年成为世界核心一代。对于他们来说，利用区块链技术，致力提高社会的多样性和包容性，是实现可持续发展目标的捷径。

区块链是解决数字鸿沟问题的有效方案

可持续发展目标中实现程度最低的是目标9"对基础设施和技术创新的持续性投资"。分析之后，我们发现了其中的问题所在。要实现该目标，需要满足几个重要因素，互联网即是其中之一。然而互联网的普及率太低，印度和非洲互联网用户占总人口的比例较低，分别仅为34.5%和25.2%，而全球平均水平为52.2%（见表3-1）。

在互联网社会中，存在数字鸿沟的问题。它指的是，由于对信息、网络技术的拥有程度、应用程度或者创新能力不同，许多人无法从互联网中受益，这种状况造成不同国家之间在经济和社会方面产生了巨大差距。

互联网虽然给人类带来了许多好处，但并没有给所有人带来富裕。正如上文所述，世界上约有一半的人口无法利用互联网。

如今，人们说"数据是新石油"，那些享受着互联网数据创造的价值并积累财富的人，与其他人之间的贫富鸿沟正在扩大。这种现象不仅出现在发展中国家，在发达国家也并不少见。在发达国家，许多人由于收入、年龄、种族和教育水平的差异而丧失利用数据的机会，参与社会活动受阻，这也属于一

67

种数字鸿沟。

加密资产在非洲迅速普及

加密资产是解决数字鸿沟的有效方案之一,因此,全世界都在积极创建加密资产。现在加密资产最受关注的地区是非洲。在非洲,互联网普及率低,金融账户和移动支付的使用率也低,然而现在利用区块链技术的加密资产正在那里迅速获得普及。

一个典型的例子是比特派萨(BitPesa[①]),一种可以在肯尼亚等非洲七国之间进行国际支付的加密资产。通过银行进行海外汇款,手续复杂且成本较高;而使用比特派萨则无须开通银行账号,支付效率高且手续费便宜。自2013年比特派萨诞生以来,个人和法人用户数量稳步增长。比特派萨可以向90个合作国家汇款,逐渐成为一种被全球认可的数字货币。此外,比特派萨还与肯尼亚普及的移动支付M-派萨(M-Pesa)达成了合作关系,人们可以通过移动支付进行国际汇款。

M-派萨是一种移动支付手段,使用短信息服务进行程序和个人身份验证,支持通过手机进行汇款、提款和付款。不仅在肯尼亚,它的邻国以及欧洲的罗马尼亚等国家也都支持M-派萨。肯尼亚的互联网普及率很低,只有18%,但手机普及率却高达85%,是非洲最高的国家。因为与加密资产合作,所以

---

① Pesa:斯瓦希里语,意思是"钱"。——译者注

在那里即使没有互联网，仍然可以利用移动支付，即通过短信息服务汇款。

下面列举另一个非洲加密资产的例子。肯尼亚人因为现金不足而无法购买商品和服务，生产动力一直较低。于是，红十字会计划在当地发行地区数字货币。该数字货币可以通过手机短信发送。个人信用额度被记录到区块链上，每次使用数字货币时，都会自动使用自己的信用额度。当地居民可以通过工资、做生意和接受援助等方式获得数字货币，这些数字货币可用于消费，也为振兴当地经济贡献了一份力量。捐赠记录会被记录在区块链上，捐赠者可以实时查看信用额度的使用情况，从而了解他们对红十字会的捐赠是否真正送到受捐助者手中。发行这种数字货币旨在提高捐赠管理的透明度。

从以上案例中可以看出，即使人们无法使用互联网、没有银行账户，也可以通过利用加密资产参与到经济活动中，这有利于实现普惠金融[①]。在非洲，千禧一代和Z世代都非常适应数字化，除了加密资产等金融科技领域之外，他们还在其他领域积极使用区块链技术，例如利用可再生能源电网、可追溯的供应链等。

对于日本的汽车行业来说，非洲是日本二手车出口的最大市场，近几年向非洲销售二手汽车零部件的数量也很多。在不久的将来，利用加密资产进行结算将进一步促进二手车的流通。在新一代移动出行业务和智慧城市的建设中，年轻人口众多的非洲可以利用区块链技术，迅速推进创新活动，这是非洲

---

① 普惠金融：指立足机会平等要求和商业可持续原则，以可负担的成本为有金融服务需求的社会各阶层和群体提供适当、有效的金融服务。——译者注

的一大优势。

区块链的应用范围正在从金融科技扩展到其他非金融领域。其中，与区块链关系最密切的是汽车行业，它拥有遍布全球的供应链和价值链。

汽车行业应如何利用加密资产和区块链来创建新业务，以实现可持续发展目标？下一章将介绍具体应用案例。

区块链革命的关键词

在这里，将简单解释一些关键词和技术，这些对于了解区块链非常重要。

交易

在区块链世界中，交易通常是指转账。区块链的交易中一定记录了某人向某人转账的内容。每次收钱时系统都会生成一个钱包地址，当进行转账时，该钱包地址被写入"输入"（input）部分。它带有时间戳（记录数据产生时间）和数字签名，用以证明该交易由发起人正确创建。

钱包

加密资产只是记录在区块链上的数字。钱包存储操作数字所需的密钥。由于它被称为钱包，因此有人误以为它是用来放钱的，但是实际上钱包是用来放密钥的。密钥是保障加密资产安全的根本机制，它保证了我们将虚拟货币发送给特定的某个人时，只有这个人才能被允许使用。要获得加密资产，首先必须要有一个钱包。

对于用户而言，钱包同时也是通往"镜像世界"的门户。这不单因为钱包地址对于加密资产的交易至关重要，同时钱包还可以用来储存个人的数字角色（用户在网络空间中的虚拟身份），这关系到人们永久的数字身份识别标识。

钱包地址

人们在钱包中管理钱包地址。钱包地址类似于银行账号，它是表示加密资产收款账号的字符串。进行加密资产交易时，需要知道对方的钱包，即加密资产的"账号"。

管理加密资产时，需要用到密钥。密钥分两种，分别是私钥和公钥。私钥是由英文字母和数字组成的字符串，在加密资产交易中扮演"密码"的角色。在管理加密资产时，私钥最为重要，一定要小心妥善地保管。公钥与私钥一起使用，可以提高加密资产的安全性。私钥生成公钥，公钥生成钱包地址。

钱包地址有两种类型，分别是"热钱包"和"冷钱包"。热钱包是在线钱包，在网络终端使用。冷钱包在离线环境中使用。

从钱包地址向某处转账时，钱包应用程序必须至少连接一次互联网才能将交易数据发布到区块链网络。要进行数字资产交易时，人们可以通过连接到互联网的智能手机和网络服务进行个人签名，这相当于"热钱包"。交易比较频繁的情况下，人们通常使用"热钱包"，因为这样更方便，但是因为是线上交易，所以无法完全避免密钥泄露的风险。

加密资产的交易还有另外一种操作方法，即一直到签名为止，整个交易过程全部都在离线环境中进行。签名结束之后再接入网络，将交易发布到区块链网络中。这就是"冷钱包"的用法。要进行"冷钱包"操作，需要相应的硬件钱包，保证能够利用硬件进行签名。

微支付

在支付金额只有几百日元以下的情况，如果使用信用卡付款，那么手续费将比支付金额还要高，对人们来说并不合算。为了解决这一问题，人们想出了微支付的方法。采用这种方式，人们在支付金额较少的情况下，无须或者仅需拿出非常少的手续费。

加密货币是区块链技术的应用之一，它转账手续费低廉，非常适合微支付。在现实中金额小到无法定价的东西，我们仍可以利用加密货币为它定价。因此，可以说使用加密货币能够满足任何情况下的支付。除此之外，它还可以为琐碎的、次数较多的消费活动计费。

比特币的最小交易单位是1聪（Satoshi），相当于0.00000001比特币。换算成日元，1聪相当于0.01日元（截至2020年7月29日）。

智能合约

顾名思义，它是一种智能执行合约的机制，是利用区块链技术的合约的自动化机制。通过利用智能合约，我们可以在公司之间或者个人之间实现P2P交易，而无须经过中央机构或特定的管理者。

智能合约这个术语是由尼克·萨博（Nick Szabo）在1994年创造的。对于智能合约，他是这样定义的：

"智能合约是自动执行交易条款的电子交易协议。它的目的包括完成一般的合同条款（付款日期、抵押、保密、安全执行），最大限度地减少人为或偶然因素导致的例外情况，尽可能降低中介的数量和影响。在经济方面，它的目标是防止欺诈带来的损失，减少交易成本（中介成本和法律成本）。"

M2M交易

M2M交易指通过在设备之间自主交换数据的方式来自动执行交易。

利用物联网和区块链将M2M系统安装在车辆中，可以在车辆之间或车辆与设施之间执行智能合约，而无须进行人工干预。利用加密资产、钱包和数字身份识别标识，可以自动进行交易付款。这样就可以建立一个以网联汽车为中心的数据市场。数据市场是一个允许数据流通和买卖的市场。

去中心化自治组织

随着应用区块链技术的智能合约的普及，社会中将会出现一个与传统组织完全不同的开放型组织。它搭载了人工智能的设备或软件，也就是所谓的自治代理（Autonomous Agent），它能够自主读取周围的情况，做出判断，自主分配资源并进行管理。

去中心化自治组织管理工作的底层技术是区块链和加密资产，其中并不存在中央管理主体，是一种去中心化的、自动且自治型的管理模式。去中心化自治组织中的多个自治代理根据智能合约的条款来管理该组织。

代币经济、代币

代币经济这一概念原本是作为临床心理学中的一种行为疗法而诞生的。严格意义上来说，它叫作代币经济法（Token Reinforcement）。这是一种帮助患者（主要是幼儿）学习新行为的方法，具体指的是，在孩子表现良好时给予奖励（例如玩具钞票），这些奖励积累到一定金额可以用来交换糖果或者允许其去游乐场游玩，这种奖励叫作代币。通过给予奖励的方式，让孩子受到激励，使他们的行为更符合管理者（家长）或社会（家庭）的要求。

在经济学上，代币通常是指用来替代法定货币（例如日元、美元等）的替代货币。近几年，在各种经济活动中，这种代币被越来越多地用作特定目的和使用范围的替代货币。全国各地发行和销售的带有赠品的消费券也是代币之一。

人们可以以折扣价格买到代币。地方政府通过这种方式鼓励当地居民或游客消费，以刺激当地货币的流通。由于代币只能用于指定范围或对象，因此代币发行者可以构建出一个封闭的经济圈，鼓励代币使用者从事代币发行者期望的经济活动。

代币已成为建立社区的必要工具，在该社区中，持有共同价值观的人可以进行价值交换，这种代币有时也被称作社区币（Community Coin）。可以说，在较大区域内流通的代币将创建出地区货币。基于这一观点，在区块链行业开始主张使用代币创建地区货币。在未来，不是通过国家或者民族纽带，而是因为共同的兴趣爱好或共同的生活方式走到一起的人们，将会创建一个新的经济圈。这个经济圈的规模比地区经济圈更大，在经济圈中人们通过区块链和代币进行交易。代币经济将会在世界范围内进一步普及，这些经济圈中将产生大量的价值流通媒介，即数字货币。

代币经济中使用的代币主要有3类，它们分别是效用代币、安全代币和稳定代币。

（1）效用代币

效用代币指的是企业为了开发自己的区块链服务，使用首次代币发行（ICO，Initial Coin Offering）的形式，利用加密资产筹集资金时所发行的代币。

（2）安全代币

安全代币指的是由区块链记录的、代表特定资产所有权的加密资产，也被称为资产支持通证（ABT，Asset-Backed Tokens）。特定资产除了包括金融产品，例如股票、债券、房地产、货币和商品之外，还包括收藏品，例如绘画和大牌商品等。狭义的安全代币仅包括股票和债券。

安全代币一般被认为是一种有价证券，必须遵守国家法律。有价证券在流通过程中，大量流程都是通过智能合约自动执行，经纪人和交易中间商的重要性降低。这种方式可以大幅削减交易费用，创建出一个更高效的市场。

（3）稳定代币

它是一种旨在获得稳定价格的代币，也被称为稳定币（stable coin）。使价格保持稳定的方法主要有3种：①以美元和日元等法定货币为担保，与法定货币挂钩且汇率保持稳定；②以特定的加密货币作为担保；③不以法定货币或者加密货币作为担保，而通过调整货币供应量来实现与法定货币相同的价格变动。脸书于2019年6月开发了加密资产"天秤座"（Libra），它属于与法定货币挂钩的稳定代币。

社会资本或社区资本

社会资本也叫作社区资本，是与物质资本（Physical

Capital)、人力资本（Human Capital）并列的重要资本。社会资本基于一种新的理念，这种新理念认为，人们通过合作可以提高社会效率，因此，社会信任、社会规范和社会网络等社会组织非常重要。社会资本也被称为社会共通资本（Social Common Capital），是全社会共享的资本，包括道路等基础设施以及自然环境等。

社会资本是通过激发人们的合作行为来建立的，它基于这样的想法：资本积累得越丰富，社会和组织的效率就越高。社会资本包括那些很难利用法定货币来衡量，却受到公众重视的资本，例如极致关怀、牵绊、环境等。区块链代币能够使社会成本可见化和证券化。例如，如今对于"脱碳"和可持续发展目标的追求已成为全球趋势，碳信用代币是代表二氧化碳排放额度的标准之一，利用它可以更清晰地看见政府为实现减排而做出的努力。现在碳信用代币的市场开拓和扩张已经受到越来越多的关注。

CAP定理

区块链并不是万能的，它有自己的适用范围。

网络服务需要具备3个主要特性：一致性（Consistency）、可用性（Availability）和分区容错性（Partition-tolerance）。CAP（由以上3个特性的英文首字母组成）定理指的是分布式计算系统无法同时满足这3个特性，这一定理是2000年由加利福尼亚大学伯克利分校计算机科学系的艾瑞克·布鲁尔（Eric

Brewer）教授提出来的，因此也被称为布鲁尔定理。

一致性可确保用户访问时一定可以获得最新信息；可用性可确保非故障节点收到的每个请求都有响应；分区容错性保证了即使系统中的某个节点被切断，也不影响系统的继续运作。

区块链技术可以实现"零停机时间"（ZDT，Zero Down Time），保证网络系统和服务不会停止，这是数据共享系统的最大优势。这个系统是去中心化的分布式系统，它重视可用性并且抗干扰。然而这样做在某种程度上，一致性便无法实现了。现在人们正在研究如何在技术上保证一致性。尽管认同CAP定理，也仍然有越来越多的人都相信区块链是一个出色的系统，这就是如今区块链受到越来越多关注的原因之一。

公有链、私有链、联盟链

根据所负责交易节点的不同，区块链分为3种类型：公有链、联盟链、私有链（见表3-2）。

公有链也被称为无许可（Permission-less）区块链，其应用主要是加密资产（例如比特币）。没有中央管理机构，参与的节点按照系统规则自由接入网络，节点之间基于共识机制开展工作，是一种能够实现"去信任"（Trust-Less）式的交易体系。共识机制包括工作量证明（PoW）或权益证明（PoS）等。

联盟链是介于公共链和私有链之间的区块链，其管理者由多个企业和组织构成。

私有链也被称为许可链（Permissioned），有单独的中央管理者，其身份是可识别的，只有管理者许可的节点才能接入网络，少数节点有修改和读取权限。私有链的参与者要获得管理者的信任，因此与公有链相比，它不是"去信任"式的交易体系，但是这种区块链成本低、交易速度快、性能好，而且因为参与者数量有限，所以更易于管理。

表3-2 区块链的类型

	公有链	联盟链	私有链
	无许可（自由参加）	需许可	
管理主体	不存在	多个组织、企业	单个组织
参加者	不特定多数（可能包含恶意用户）	需要特定多数主体、管理者的许可（参加者的身份受信任）	需要组织所属主体、管理者的许可（参加者的身份受信任）
建立共识	审批严格且必须（工作量证明、权益证明等）	审批严格且自愿（特定主体之间的共识）	审批严格且自愿（组织内部认可）
交易处理速度	低速（10分钟左右）	高速（数秒）	高速（数秒）
挖矿报酬	必须	随意	随意
优点	自主分布式 高度不可篡改性	去中心化应用 交易审批迅速	易达成共识 导入简单，安全性高
缺点	交易审批慢 需要好的共识机制来剔除恶意用户	审批不透明	持久性无法保证

（资料来源：笔者制作）

> 专栏

区块链技术概述

汽车零件制造商电装公司（DENSO）在技术论文中简要概述了区块链技术，摘录如下：

分布式账本技术

区块链没有"中心"。如图3-3所示，区块链没有集中式的网络结构，所有参与者（节点）都被一视同仁。数据均匀分配在所有节点上（因此被称为分布式账本），一旦数据被篡改，便可以被立即检测到。

这相当于将所有的数据交易即时公开。因为数据均匀保

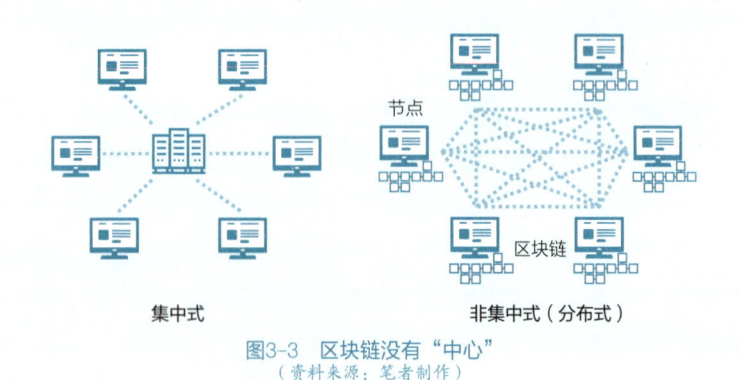

集中式　　　　　　　　非集中式（分布式）

图3-3　区块链没有"中心"
（资料来源：笔者制作）

存在所有节点中，所以即使是2009年发行的比特币也从未发生过致命的系统中断，一直稳定地提供着服务。这是因为，即使某些节点出现故障，其他节点也会马上补充，整个系统仍在运行。这是一个没有单点故障[①]（SPOF，Single Point of Failure）的系统。

共识算法

在区块链中，我们不知道正在进行网上交易的是什么样的人。因为并非所有参与者交易的数据都是正确的，所以一定要在全员认可的机制中将交易记录到分布式账本中。对于这种"拜占庭将军问题"，可以用工作量证明的方式来解决。让参与者（矿工）做一定的工作（挖矿），完成最多的参与者将获得报酬[②]。

系统在设计方面保证了篡改数据所需工作量高于获得报酬所需工作量，这样就能有效防止篡改数据的行为。

但是，近年来，挖矿所需的庞大算力和对能源的巨大损耗已经成为严重问题。因此，现在出现了对参与者做出限制

[①] 单点故障：系统中一点失效，就会让整个系统无法运作的部件。——译者注
[②] 2021年9月，我国国家发展改革委会、中央宣传部、中央网信办等部门印发《关于整治虚拟货币"挖矿"活动的通知》，要求加强虚拟货币"挖矿"活动上下游全产业链监管，严禁新增虚拟货币"挖矿"项目，加快存量项目有序退出。——编者注

的许可链以及新的共识机制，包括权益证明、重要性证明（PoI）、权威证明（PoA）、拜占庭容错（PBFT）。

哈希链

如图3-4所示，交易是多个数据的集合，在上面加上时间戳等区块头信息形成一个区块（随机值）。区块利用了哈希函数，无法进行逆向计算。将此哈希值带入后面的区块中，如此反复进行，便能够简单地检测出数据是否被篡改过。

哈希值是将信息数据加密整合成的随机字母或者数字。使用这种方法处理数据时，一旦部分数据发生变化，那么该区块的哈希值也会发生变化，于是使用这个哈希值的下一个区块也会发生变化，引发连锁性的多米诺反应。

交易数据块像锁链一样彼此连接，故称为区块链。一旦一处数据被篡改，它后面的数据都将被破坏，因此数据篡改

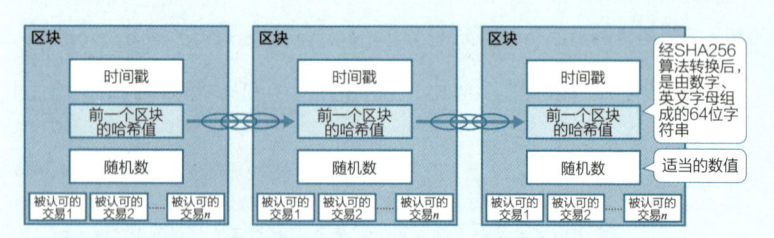

图3-4 记录交易数据的区块

[资料来源：笔者根据Okabe et al.（2020）制作]

很容易被察觉。

哈希函数使用了SHA256算法（严格来说，最新函数是2015年开发的SHA3-256）。此SHA256算法的特点是：①能轻松进行正向计算；②无法执行逆向计算（没有反函数）；③无论输入多少数据量输出的都是64个字符；④输入相同的字符串或数据会得到相同的哈希值；⑤输入数据的细微差异会对输出的哈希值有较大影响。例如，请看以下两段文字的哈希值：

> The technology of blockchain was developed in 2008.
> ⬇
> ad28748c5a6c726819fee93f8f15dc71176402f1667e22cdf6ed-0863a77a7673
>
> ---
>
> The technology of block chain was developed in 2008.
> ⬇
> 6c5c0f332458b4ef17631bbd2d28dfc93aa3c95cb122d046d-b438e7506a1ae

在这两个句子中，前者表示为"blockchain"，后者则表示为"block chain"，只有一个空格的区别，但是输出的哈希值却完全不同。

挖矿

很多人都觉得区块链技术很难懂，原因之一就是人们不明白什么是"挖矿"。因此，这里利用图3-5来解释一下"挖矿"这一概念。为了更加简单易懂，省略了前一个区块的哈希值，并且使用了1970/10/19（时间例）和Data1、Data2（交易例）这种简单数据。

区块中有一个区域可以输入随机数（nonce）。规则（协议）规定，无论是谁，只要首先在这个区域填入适当数字，使得到的哈希值低于某个阈值，那么他就获得了添加数据的权利。这就是挖矿的原理。

假设当哈希值的前四位是0时就可以获得添加数据的权利。当随机数从1000依次加上1，到了1011时，哈希值的开头刚好是4个0。那么最早发现它的矿工将会获得记账的权利，并且能够得到奖励。这就是挖矿的举例。

不过在现实中，哈希值不会是4个0如此简单，而是需要将近20个0，难度非常大，需要庞大的算力和巨大的电力损耗。

0的数量被称为难度级别。难度级别会进行调整，保证计算时间约为十分钟。上述的权益证明和重要性证明会根据参与者持有的加密资产数量、持有期限等来改变难度等级，以减少计算量。

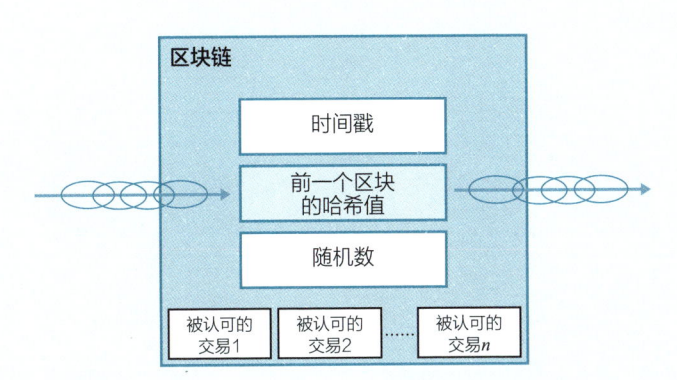

第 3 章　区块链是 500 年难遇的重大变革

```
                            ┌─────────────────────────┐
                            │ 区块链                  │
                            │   ┌───────────────┐     │
                            │   │    时间戳     │     │
                            │   └───────────────┘     │
                            │   ┌───────────────┐     │
  →○○○○→                   │   │  前一个区块   │     │ →○○○○→
                            │   │   的哈希值    │     │
                            │   └───────────────┘     │
                            │   ┌───────────────┐     │
                            │   │    随机数     │     │
                            │   └───────────────┘     │
                            │ ┌────┐ ┌────┐  ┌────┐   │
                            │ │被认│ │被认│  │被认│   │
                            │ │可的│ │可的│……│可的│   │
                            │ │交易1│ │交易2│  │交易n│ │
                            │ └────┘ └────┘  └────┘   │
                            └─────────────────────────┘
```

例　Proof of Work (PoW)
1970/10/19 1000 Data1 Data2
　　84118f8acaf786dd5e1dedbc1038dbe0bcb50ffea7b0a25c502a4bfc5a20fa3f
1970/10/19 1001 Data1 Data2
　　617c4e697b3efae803a8b1b0558bb272e6092e0dc160a16122559094f06cbd61
1970/10/19 1002 Data1 Data2
　　93355aed5362d68f7bc1a78bf2ec125e36e38944f566ec05084e60ca4ade18dd
……
1970/10/19 1011 Data1 Data2
　　<u>0000</u>36046d63480d1ef3b42f40fed5147db1b57542a237bb77a71c859d164869

图3-5　挖矿的过程
[资料来源：笔者根据Okabe et al.（2020）制作]

第 4 章

增加供应链弹性

新冠肺炎疫情给供应链带来冲击

新冠肺炎疫情暴露出全球供应链的脆弱性

新冠肺炎疫情大流行已经给全球供应链造成了严重破坏。在疫情肆虐之前，企业一直试图在全球范围内强化供应链管理、降低成本、削减库存、提高资产运行效率。但是，这次全球危机暴露了供应链弹性（抗冲击性、恢复力）差的缺点。

就汽车行业而言，虽然汽车制造商和主要供应商的工厂正在恢复正常，但包括二级和三级供应商、分包商在内的供应链的恢复仍然困难重重，这给整个行业的复苏造成了阻碍，汽车行业无法按照预期实现增产。

我们不知道下一次疫情大流行会在何时到来，在与新冠肺炎疫情共存的时代，管理者需要改变对全球供应链管理的看法。管理者平时就要提高供应链的抗冲击弹性，以保证即使发生史无前例的灾难也能够更灵活、更快速地重组供应链。

更具体地说，要实现供应链的整体可视化，以保证能够了解灾难对它的影响；要尽早选定替代供应商，以应对灾难的长期化影响；还要尽快实现产品量产。利用区块链技术可以有效地建立一个具有高度弹性和可持续性的供应链。本次新冠肺炎疫情进一步凸显了它的重要性。

要在分布式网络上管理供应商信息，提高透明度，保证信息不被复制或篡改，需要利用区块链技术将信息记录到区块链上。这样做我们能够随时追溯信息，当发生危机后，就可以迅速掌握供应链的整体库存信息以及采购材料和零件的可能性，快速选择和审核替代供应商并指导他们量产，从而迅速地、自上而下地启动新的供应网络。

KoineArth公司是以新加坡和印度为据点的区块链开发商，它的创始人兼首席科学家普拉夫·钱德拉（Praphul Chandra）博士说："QCD，即质量（Quality）、成本（Cost）和交期（Delivery）这种传统标准已经不足以用来制定今天的供应链战略。未来供应链管理的领导者必须牢记3R原则，即适应力或恢复力（Resilience）、响应能力（Responsiveness）和可重构性（Reconfigurability）。"

2020年4月28日，世界经济论坛（World Economic Forum）向全球发布了一则关于区块链的消息："新冠肺炎疫情的传播导致产品供应链受到巨大打击，而区块链则可以帮助改善这一状况，它是经济复苏的有力保障。"

在汽车行业，生产受到疫情的巨大冲击，现在越来越多的公司正在加速利用区块链摆脱危机。

宝马扩大区块链网络

2020年3月，宝马宣布开展零件链（Part Chain）计划，

移动出行新经济

这是一个利用区块链实现全球供应链可追溯性的项目（见图4-1）。该项目于2019年启动，已经进行了前照灯零件可追溯性的概念验证，2020年已扩大到约10种零部件的概念验证。将来不仅是零部件，连原料都要做到可追溯。

宝马在研发领域的三大支柱分别是物联网、人工智能和区块链。它是世界上第一家宣布将区块链作为核心技术之一的汽车制造商。宝马在全球拥有众多区块链专家，他们的工作地点包括总部所在地德国慕尼黑和美国的硅谷。他们不仅在汽车供应链，还在汽车价值链领域展开区块链的研究开发和概念验证工作。

2019年，大型国际物流企业敦豪航空货运公司（DHL）与马来西亚物流基地以及亚太地区的经销商，开展了使用区块链技术进行零件运输和库存管理的概念验证。如第6章所述，他

区块链

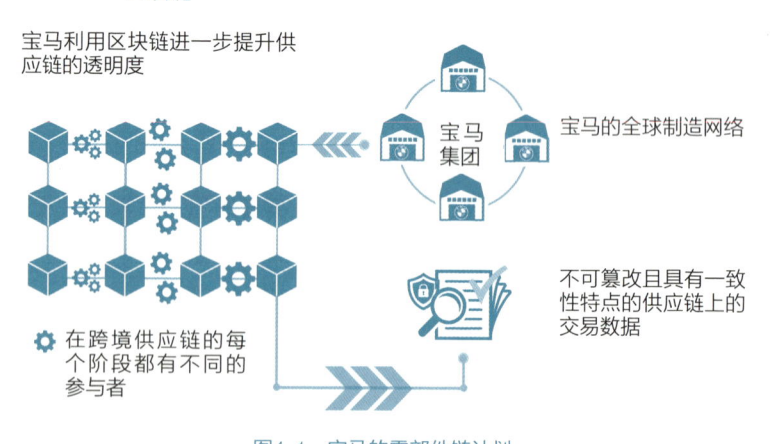

宝马利用区块链进一步提升供应链的透明度

宝马集团 —— 宝马的全球制造网络

不可篡改且具有一致性特点的供应链上的交易数据

在跨境供应链的每个阶段都有不同的参与者

图4-1 宝马的零部件链计划
（资料来源：笔者对宝马提供资料的翻译）

们与中国区块链开发商唯链合作，开发了一种"数字车辆通行证"，以防止行驶里程表被篡改，提高二手车评估的准确性。

作为MOBI的创始成员，该公司除了致力于供应链研究外，还担任数字识别标识小组委员会主席，积极开展与外部企业的合作交流。

特斯拉在上海开展汽车零部件运输的区块链概念验证

2020年4月7日，特斯拉联合香港货迅通公司（CargoSmart）、上海国际港务集团（SIPG）以及货运巨头中国远洋运输集团（COSCO）进行了一项区块链应用程序的概念验证。除特斯拉外的3家公司都是全球航运业务网络（GSBN）的成员，该组织旨在利用区块链实现海运行业的数字化转型。

在2019年12月进行的概念验证中，他们开发了一个应用程序。利用这个应用程序，4家企业可以在区块链上共享汽车零部件运输的相关数据，包括出货数据和文件等。通常，在货物交付的过程中，为了防止货物被盗，都会要求客户提交原始提货单和货运单（收据）。但是，如果这些文件丢失或损坏，操作员便无法将包裹交付给客户，交易便会受到影响。这可能会延误整个供应链，而且货轮长时间停泊在码头可能被港口管理机构罚款。

利用区块链技术可以规避文件丢失或损坏的风险，快速处理那些受信任的货物的交付流程。访问区块链上的共享数据，不仅可以缩短港口的货物交接过程，还能提高整个供应链的效率。

独门秘籍帮助中小企业发展

助力中小企业和大企业进行匹配

区块链技术在供应链中的另一个应用就是利用代币（加密资产）和智能合约建立一个平台，使中小企业能更便捷地进入制造业领域。

大型制造企业很难找到技术先进的新的中小企业为其代工部分产品。小型制造企业也很难与购买其产品的大型企业接洽。要寻找合适的中小企业，大型企业不得不向中介支付巨额运营费用，其中包括了匹配费用和广告费用等。因为与候选供应商是初次合作，所以即使开始了业务谈判，采购方也必须重新调查对方是否可靠，能否放心将自己公司的部分产品委托给它生产。而区块链则可以提供一个平台，利用这个平台能显著降低以上交易成本，把不熟悉的买方和卖方联系起来，提高合作和交易的效率。

利用代币和智能合约的供应链

SyncFab是美国加利福尼亚州的一家区块链开发公司，

该公司于2018年2月搭建了一个区块链平台，把拥有优质产品和高端技术的制造商与最终用户、买家直接联系起来（见图4-2）。

在SyncFab提供的这一平台上，买卖双方使用MFG代币进行交易。平台记录了利用该平台的制造商、采购商、物流商的企业识别标识、历史订单、生产和运输能力、知识产权、报价请求表（RFQ）、采购订单表（PO）等信息。这样一来，采购商或供应商可以根据这些信息找到最能满足他们需求的制造商，无须经过中介。交易合同还可以通过智能合约自动执行。

复杂的供应链导致执行合同时步骤非常烦琐。智能合约在保证了合同安全性的同时，简化了一系列流程，使合同的执行

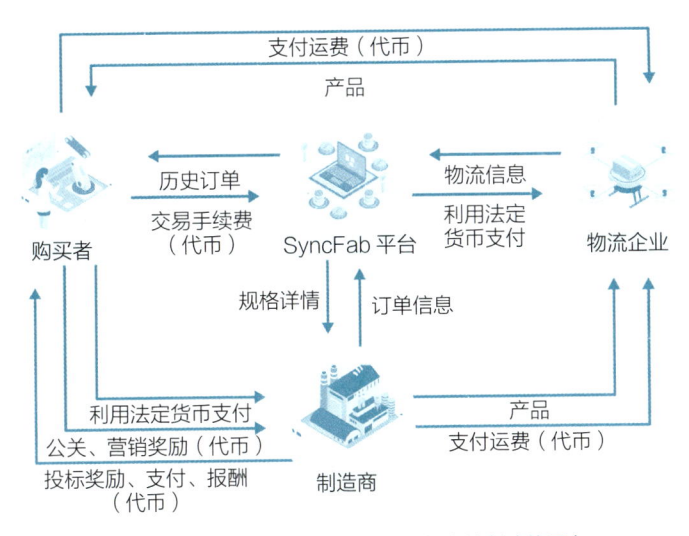

图4-2 SyncFab公司利用代币与智能合约创建的平台
（资料来源：笔者对SyncFab公司资料的翻译）

更加简便快捷。

以下详细说明买家使用SyncFab平台的好处。

该平台在区块链上将买方的报价请求与专业的制造商进行匹配，根据候选企业的历史订单或产品设计筛选出符合买方需求的企业，以大幅削减买方的采购成本。同时，在该平台上，产品规格或材料等必要条件可以实时做出修改，采购过程更加透明高效。

那么这一平台对卖方，即制造商有什么好处呢？

如果制造商能够立即响应并参与竞标，就可以获得MFG代币作为奖励。在中标后，制造商可以提前从买方处拿到投资，还可以减少项目开始之前调查对方背景的时间，从而能够将精力集中在主营业务上，专心于制造。

另外，该平台上记录了采购项目清单，其中包含买方的预算信息，这可以为制造商报价提供一定的指导和参考。如果买方愿意支付高于预算的金额，那么平台也会标明高出部分的金额。按照惯例，如果报价过高，竞标者就自动被排除到竞标之外。但是该平台允许制造商修改报价，这样可以降低买家错过优质制造商的风险。

SyncFab公司还使用高级安全协议对区块链上的所有资产进行加密，消除了对制造商的最大威胁，例如侵占或盗用知识产权等，帮助制造商节省聘请专业保密人员的费用。

SyncFab公司开发此区块链平台，目的是帮助那些希望削减成本、积极采用最新技术的公司。大型跨国公司也正在大力投资以升级其供应链。但是，中小企业很难进行此类投资，因此技术水平与大型企业的差距越来越大。利用区块链技术，中小企业可以大幅降低交易成本，扩展业务，助力企业发展。

SyncFab公司的客户包括全球的汽车制造商、汽车零件制造商和飞机零件制造商。为了鼓励这些合作者输入数据，平台制定了一项奖励机制，数据输入者可以获得供应链代币作为报酬。在这一平台系统下，通过区块链管理数据，实现了供应链的可追溯，可以满足近来迅速增长的、复杂的客户需求，例如防止零部件赝品的出现、防止召回、要求提供严格的飞机零部件原产地证明等。

建立更加环保的、可持续发展的供应链

利用区块链技术可以构建本地供应链。例如，购买者在寻找精密零件时，能够实时查询到本地公司的空置设备，找到候选企业的信息，依据这些信息进行采购。如果购买者尽可能多地在本地企业采购零件，便可以最大限度地减少零件库存量，降低运输成本。这样一来，便建立起了更加环保的供应链，同时也振兴了当地的经济发展。

如今，在最新的技术支持下，供应方的检索和接洽已经可以通过系统自动执行，这进一步提高了工作效率，大大降低了买卖双方进行匹配所需的时间与成本。

另外，前文已经说过，在新冠肺炎疫情肆虐时期，行业抵抗风险的弹性已变得愈发重要。利用区块链搭建的SyncFab平台不仅让产品具备可追溯性，而且在危机发生之时能迅速选择

替代供应商，以保证能及早进行批量生产，有助于促进供应链的可持续发展。

实现可持续生产和道德消费

发达国家在"确保可持续消费和生产模式"方面较为落后

公平贸易是一种贸易机制，旨在通过以合理的价格持续购买新兴国家的资源和产品，改善生产者和工人的生活。

正如表3-1所示，在联合国可持续发展目标中，日本和欧美国家在第12项目标，即"确保可持续消费和生产模式"方面，都低于平均值。

为了达成这一目标，这些发达国家的制造商正在采取行动，以扩大交易。

食品行业的企业进行了各种尝试，例如前文所述可可豆的可追溯性。汽车行业的尝试包括各种溯源项目，例如对轮胎原料的天然橡胶和电动汽车车载电池正极材料中所含的钴进行溯源等。

天然橡胶的可持续发展新平台

东南亚（泰国和印度尼西亚等）生产的天然橡胶中约有

70%被用作轮胎的原材料，这些轮胎既包括组装新车时的轮胎，也包括修补旧车的轮胎。根据预测，虽然汽车行业电气化的浪潮正在席卷全世界，但是作为汽车零件之一，市场上对轮胎的需求不但不会下降，反而会随着行驶里程的增加而进一步增加。然而值得注意的是，对天然橡胶的采集会减少森林面积，侵犯当地居民的权利。因此，这一行业需要采取适当的行动来保护环境，维护人权。

从橡胶被生产出来到交付给轮胎制造商的过程中，有许多企业都参与其中，供应链的不透明性已成为天然橡胶分销中的一大问题。此外，天然橡胶的价格受到国际市场行情的影响较大，天然橡胶种植者（其中许多都是小规模种植者）面临天然橡胶价格波动的风险，但为了保证基本收入的稳定，他们别无选择，只能扩大橡胶树的耕种面积。这也是导致森林面积减少的原因之一。从这个方面来看，保证天然橡胶种植者的稳定收入，可以在一定程度上解决环境问题。

在2018年10月举行的"世界可持续发展工商理事会"（WBCSD）上，包括全球大型轮胎制造商美国福特公司、天然橡胶供应商和非政府组织在内，众多成员共同设立了"全球天然橡胶可持续发展平台"（GPSNR）。为了保障天然橡胶生产和供应过程中参与者和地区的利益、确保环保事业的发展，全球天然橡胶可持续发展平台的成员在整个供应链中通力合作，以实现原料的可追溯性和可持续性。

天然橡胶可追溯项目

伊藤忠商事是全球天然橡胶可持续发展平台的参与成员之一，他们利用其在印度尼西亚从事天然橡胶加工的子公司ABP公司（PT. Aneka Bumi Pratama）的供应链，开展天然橡胶可追溯性的概念验证工作。

在这一验证工作中，交易双方利用智能手机应用程序，对交易内容进行相互验证，并将交易内容与日期、时间和位置信息一起记录在区块链上。这样一来，天然橡胶从种植到加工、流通的过程变得更加透明。为了促进各方通力合作，他们还建立了一种激励机制，将交易正确地记录到区块链上的企业，会获得代币作为奖励（见图4-3）。

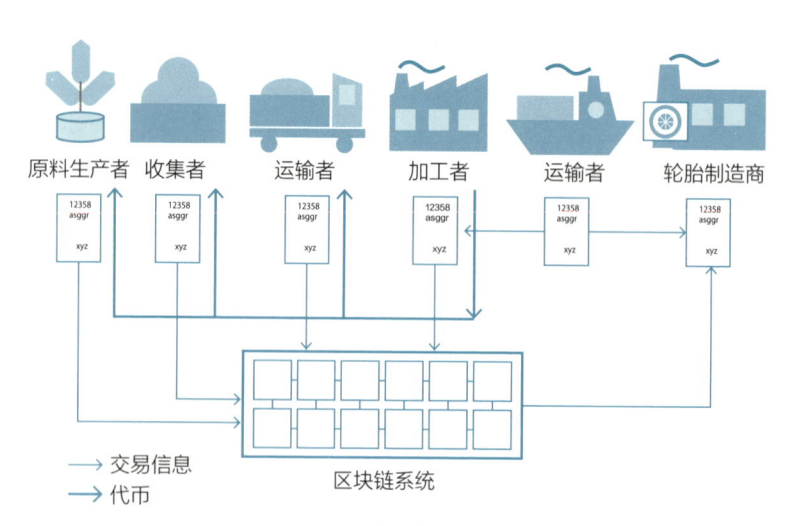

图4-3 天然橡胶可追溯项目
（资料来源：SyncFab公司）

这一可追溯性系统的合作方是新加坡橡胶互联公司（Hevea Connect），它旨在保障天然橡胶交易的可持续性。可追溯性系统中记录的天然橡胶仅限于在橡胶互联平台上出售并由获得"专业橡胶"（Hevea Pro）认证的工厂加工的产品。

他们的最终目的是构建代币经济，在此期间，将分三个阶段进行概念验证。第一阶段，把从加工到运输的信息记录到区块链上；第二阶段，区块链上记录的信息范围扩大至收购方；第三阶段，天然橡胶的信息可追溯至种植者，代币制度也建立起来。目前，第一阶段和第二阶段的验证已基本完成，第三阶段预计将于2022年结束。

负责任地采购冲突矿产

稀有金属对各行业的发展至关重要，全世界对稀有金属的需求量也在不断增长。但在开采矿山时，出现了环境遭到严重破坏的情况。对于以稀有金属为原材料的产品制造商和销售商来说，社会要求他们在采购矿物时负起责任，利益相关方要求他们对原材料采购的整个供应链进行尽职调查。

在此背景下，2010年7月，美国成立了一项金融规则改革法《多德-弗兰克华尔街改革和消费者保护法》（*Dodd Frank Wall Street Reform and Consumer Protection Act*，以下简称《多德-弗兰克法案》），其中增加了冲突矿产的相关规定，规定上市公司有义务向公众报告和披露其产品中如何使用和获取冲突矿产。欧盟从2021年1月1日开始实施《冲突矿产法规》（*Conflict*

Minerals Regulation: REGULATION（EU）2017/821），其中规定欧盟境内的企业有义务开展尽职调查并进行报告。

《多德-弗兰克法案》和《冲突矿产法规》都对开采生产锡、钽、钨和金（俗称3TG）进行了规定。欧盟法规针对的是将这些矿石作为工业原料带入欧盟的进口商，而在美国，则针对的是终端产品的制造商，例如材料包含3TG的电气产品和汽车等。

但是在将来，欧洲也有可能像《多德-弗兰克法案》规定的一样，将终端产品中包含冲突矿产的制造商纳入监管对象的范围，在冲突矿产范围内增加钴，并积极利用区块链开展可追溯性研究。

电动汽车电池中钴的溯源性

在汽车行业，钴的可追溯性项目在冲突矿产供应链管理项目中最为活跃。随着电动汽车在全世界的普及，车载电池的需求量正在迅速增长。车载电池主要为锂电池，而钴正是锂电池正极材料的原料之一。

约60%的钴矿石是在刚果民主共和国开采的，其中的两成是在小型矿山开采的。此外，运送到冶炼厂的钴矿石中也有一部分是从大型且安全的工业矿山开采的，但是并没有可靠的方法来证明人们使用的矿石是否属于非法开采。

在全球的汽车制造商中，通用汽车公司、戴姆勒公司和宝马公司都在积极进行钴的可追溯性概念验证。2019年1月，

IBM与福特等企业合作启动了一个基于区块链技术的供应链管理联合项目，名为"负责任采购区块链网络"。车载锂电池的大型供应商韩国LG化学也参与了该项目。

2019年4月德国大众汽车、同年12月美国菲亚特克莱斯勒汽车（FCA）和大型资源公司瑞士嘉能可（Glencore plc）也相继参与到该项目中。

2019年11月，中国吉利汽车集团旗下的沃尔沃汽车公司也宣布参与该项目。同时，沃尔沃汽车公司联合LG化学、最大车载电池供应商中国的宁德时代（CATL），在2020年下半年发布该公司的首款电动汽车"XC40 P8"。该车由沃尔沃汽车公司的比利时根特工厂生产，配备了实现钴可追溯性的电池，这也是世界上第一台搭载钴可追溯性电池的汽车。

道德消费增长

近几年，世界上有越来越多的组织机构通过区块链保证供应链的可追溯性，促进人们进行道德消费（Ethical Consumption）。道德消费是指选择性地购买符合道德良知的产品或服务，以减轻环境和身体负担，为社会做出贡献。

食品行业正不断采取措施在全球范围内促进人们进行道德消费，这是实现可持续发展目标的主要措施之一。食品方面，对象范围除了上文提到的"再来一根"巧克力棒，还有保加利亚的酸奶、智利的葡萄酒以及来自印度洋和南太平洋的金枪鱼罐头。

在这些产品的包装和标签上会印上二维码，消费者使用智能手机扫描二维码，就能够马上获得整个供应链的信息，包括产品的原料是在哪里、由谁收集或生产的，又是经过哪些分销途径来到消费者手中的。

这些产品中，企业为了实现可持续发展目标做出的努力变得可视化，这吸引了Z世代的年轻人。即使价格贵一点，他们也更愿意选择可追溯的、供应链更透明的产品，因为能够了解到这些产品的原料产地、生产者和生产过程。

近年来，道德消费呼声高涨，为了满足这一社会需求，汽车行业今后将加大力度利用区块链技术，实现汽车零件的可追溯性，助力达成可持续发展目标。尤其是轮胎等汽车零件，既可以用于B2B[①]的新车组装，也可以与最终消费者进行B2C[②]交易，汽车产业对区块链技术的应用今后将更加多种多样。

道德消费的拥护者购买那些具有可追溯性的产品，他们在购买时多付出的金额会以加密资产的形式，直接或者间接支付给信息提供者（原料生产商等）作为报酬。这样做带来的结果是，财富将从消费者向广大生产者流动，改善了整个供应链的可持续性。

---

① B2B：企业之间开展交易活动的商务模式。——译者注
② B2C：直接面向消费者销售产品或提供服务的商务模式。——译者注

利用3D打印技术的web3.0企业即将诞生

3D打印在意大利发挥了积极作用

在意大利新冠肺炎疫情最为严峻的时期,3D打印发挥了积极作用。

这是一个真实的故事。在意大利伦巴第大区布雷西亚的一家医院,用于重症监护的呼吸机阀门坏了。医院要求呼吸机供应商提供替换零件,但供应商却没有库存,无法在规定时间内提供新的阀门。更加雪上加霜的是,零件制造商的工厂停产了。

那时恰好有一家当地媒体正在医院采访,得知这一情况,便给意大利数字制造实验室FabLab创始人马西莫·坦波雷利(Massimo Temporelli)打电话寻求帮助。马西莫·坦波雷利致力推广3D打印,他在米兰创建了一家工作室,允许市民随意使用3D打印机和切割机等机床设备进行加工。收到求助之后,马西莫·坦波雷利立即联系了Isinnova公司(布雷西亚附近从事3D打印业务的公司)的首席执行官克里斯蒂安·弗拉卡西(Cristian Fracassi)。

Isinnova公司在接到电话的几个小时后,就用3D打印机制作出了一个呼吸机阀门。这个阀门完全满足医院的要求。后续该公司又不断生产了许多同样的阀门。最终10名新冠肺炎患者用上了使用该阀门的呼吸机,保住了性命。

这一消息使世界各地的制造商都意识到，在疫情冲击之下，供需矛盾突然扩大，3D打印技术可能是解决供需矛盾的最好方案之一。该事件同时也凸显了使用3D打印的社会意义。

实际上，3D打印不是一项最新技术。尤其在美国，前总统奥巴马在执政期间推行了一项国家计划，即在全美国范围内投资，以扩大3D打印机的产能。不过，这笔投资主要用于高端建模设备，要求设备能够直接打印出实物，而不是样品。但是，由于门槛过高，3D打印机在美国的普及工作就此停滞。

当出现意料之外的供需矛盾时，使用3D打印机有三大优点。首先，只要有适当的原材料和图纸，不需要模具就能在同一台机器上生产出各种不同的产品，具有灵活性高、速度快的特点。其次，可以就近生产，降低物流成本，直接满足现场需求。最后，可以按需制作，立即投入使用。

区块链保护知识产权

3D打印机的主要问题是如何保护知识产权（IP），这些知识产权包括设计师或企业持有的设计图等。对于数字产品（例如使用3D打印机制造的产品）来说，保护知识产权非常困难。典型的例子是由于音乐的数字化和互联网的普及，很多歌曲的著作权都遭到了侵犯，数字化的电影和图书也出现了类似的问题。

我们希望知识产权能够受到切实保护，每当使用该知识产权时，它的所有者都能获得使用费。使用费与使用量挂钩，根据使用量的多少来计算。这样做可以鼓励知识产权所有者提供专有技术,促进数字产品的传播。

利用区块链技术,无须经过中间人,便可以对知识产权进行管理,因此这一技术被人们普遍看好。在区块链系统中,即使平台或格式不同,受信任的用户仍然可以便捷地访问相同的知识产权内容。区块链记录了用户使用和传输知识产权的情况,能够准确察知知识产权是否受到侵害,在受到侵害时,也能够明确责任所在。

知识产权使用者可以向所有者支付加密资产(金钱),这样更加方便快捷。以3D打印机为例,使用3D打印机的制造商可以利用区块链技术直接向图纸拥有者支付使用费。

如果利用区块链技术,设置适当的激励机制鼓励知识产权使用者支付使用费,以保护知识产权的话,那么无须等到紧急时刻,平时也可以利用3D打印技术提高制造能力。知识产权使用费依据的是使用量,而无关知识产权所有者的体量。因此,无论是中小企业,还是有能力的个人,都可以利用区块链进入这一行业。从这一角度来说,区块链提高了社会包容性。

向拥有大量中小企业和技能人才的意大利学习

初创公司Polytronica于2008年从意大利都灵理工大学拆分出来,并于同年基于区块链创建了一个名为"网络机器人劳动力"(Network Robots'Workforce)的3D打印平台。

该平台汇集了各种3D打印项目,使用者在区块链上记录组件和产品数据,使数据的共享、传输和跟踪变得更容易。该平台使用自己的加密资产"3D代币"(3DT),现在该平台的代币经济已经成型。

该平台以意大利北部为中心,正在不断扩大事业版图。他们计划与丹麦杂货连锁品牌"飞虎"(Flying Tiger)合作开发一款台灯型3D打印机,并投放到飞虎在米兰和都灵的分店中。

在意大利,"加密艺术"非常盛行。这是一项利用区块链保护艺术家著作权的活动。与在制造业中使用3D打印一样,意大利利用区块链技术帮助拥有先进技术的中小企业和技术人员。日本产业同样离不开中小企业和技术人员的支持,意大利的做法可以为日本提供借鉴。说句题外话,3D打印之父是小玉秀男,他于1980年在名古屋发明了光硬化聚合物的三维光刻方法。在3D打印方面,日本拥有良好的技术基础。我们可以利用区块链和3D打印技术,摸索出一条帮助中小企业和技术人员发展的道路。

汽车行业中诞生web3.0企业的可能性增加

那么,前文所述的各种经验应该如何应用在汽车行业?答案是建立分布式供应商网络系统,使用VR和AR设计汽车和零件,并利用3D打印技术进行制造。在不久的将来,汽车行业中诞生这种"web3.0企业"的可能性将越来越大。

美国加利福尼亚州的初创企业已经开始使用XR和3D打印技术开展试验了,他们将可能制造出这种划时代的汽车。

首先，在电脑上按照个人喜好选择轮毂和汽车造型，再利用VR调整细节，由此可以在网络空间中设计车辆模型。如果工程师或设计师的办公地点远离市区，那么他可以利用VR代替黏土模型进行实时设计。一些工程师将用这种方式设计出来的模型称为"数字黏土"。

这种衍生式设计利用了人工智能和机器学习功能，由工程师、设计师和电脑共同制作完成。它保证了产品在材料、重量、成本和性能之间能实现完美平衡。在此基础上，利用3D打印技术制作铝制车身框架。这种汽车在制作过程中无须使用压力机、焊接设备和模具，生产成本低、效率高，且能够满足消费者的需求。

德国奥迪汽车集团自2018年2月起开展"VR 全息甲板"（Virtual Reality Holodeck）项目，内容是利用VR技术进行车身设计（见图4-4）。特斯拉、宝马和沃尔沃也在积极推进VR设计工作。在汽车行业中，VR商业化的进程正在加速。

3D打印技术展示了强大的制造力。成立于2007年的美

图4-4 利用VR技术进行车体设计和利用3D技术打印出的自动驾驶汽车
（资料来源：奥迪汽车公司、洛克汽车公司）

国洛克汽车公司（Local Motors）利用碳纤维增强复合材料（CFRP），使用3D打印技术成果打造出了自动驾驶公交车车架，从而声名大噪（见图4-4）。现在，利用3D打印技术一次性制造出铝制大型车身框架的技术也出现了。

实际上，3D打印技术的研发并不是什么新鲜事。之所以不那么引人注目，是因为有许多大型公司，尤其是汽车制造商，将3D打印视为一种威胁。但是，在新冠肺炎疫情的冲击下，复杂、固定的供应链凸显出了其脆弱性，其中尤以汽车制造业为最。汽车制造商迫切需要构建具有高度适应性的供应链，3D打印技术作为解决这一问题的方法之一，再次成为人们关注的焦点。

在奥巴马政府发起的先进制造业合作委员会（AMP，Advanced Manufacturing Partnership）中担任白宫科学技术政策顾问的道格拉斯·拉姆齐（Douglas Ramsey）表示，在新冠肺炎疫情期间，智能制造（SM，Smart Manufacturing）是美国制造业中被讨论最多的主题之一。因为新冠肺炎疫情的肆虐导致以中小企业为主的制造业遭受毁灭性打击，美国政府计划通过税收优惠政策对制造业进行再投资，而投资重点很可能放在智能制造上。道格拉斯·拉姆齐还表示，以前对智能制造的投资美国政府一直处于观望状态，而经历了新冠肺炎疫情的冲击后，人们认为这是"推动自动化、本地化和数字化的好时机"。

"web 3.0"汽车制造商

在网络上购买汽车（包括摩托车）的零件，并利用3D技术进行制作的应用程序估计很快就会问世。特斯拉、亚马逊已经在美国获得了技术专利，能够利用AR进行车身设计，在网络空间中检查零件的兼容性。这些拥有先进技术的企业已经在朝着商业应用努力。

我们将可以拥有这样的消费体验：消费者戴着AR头盔式显示器在网店里选购汽车零件，实时检查零件是否适合他们的汽车，如果适合便进行购买。分布式网络中的供应商看到消费者选择了自己的产品后，便将产品制作工艺和图纸发送给3D打印机，3D打印机制作出零件交付给客户。

这样一来，如果一家企业能够利用AR、VR、人工智能和3D打印技术，在区块链上建立广泛的供应链网络，那么它就能够在线上完成从上游（设计、采购、生产）到下游（销售、流通）的整个过程，成为真正意义上的"web3.0"汽车制造商。

第 5 章

电动汽车——从网联汽车到网联电池

电动汽车的价值正不断提升

行驶的蓄电池

移动出行和能源是社会运行和发展的基础,电动汽车正是连接二者的重要部分。随着汽车电气化的发展,移动出行和能源领域的合作范围将进一步扩大。

搭载有电力交互系统的电动汽车,被称为"行驶的蓄电池"。它的诞生源于2011年3月发生的日本"3·11"大地震。在那场灾难中,海啸和大火严重损坏了仙台和千叶的炼油厂、加油车和运输设施。灾区的很多加油站倒塌,交通运输网和燃料供应网遭受严重破坏,导致汽油供应短缺。不仅在灾区,就连东京首都圈加油站的车辆都排起长龙等待加油。这一场景令人印象深刻。

地震发生三天后,灾区的电力恢复到了平时75%的水平,救援队和医生利用日产聆风(LEAF)和三菱i-MiEV两款电动汽车参与灾区救援活动。日产汽车和三菱汽车两家企业从全日本调集了约200辆电动汽车,发往灾区用作救援车辆。

根据电网中断的灾区民众的要求,以及医疗机构的试用经验，日产汽车开发了"V2H"系统（Vehicle to Home，利用日产聆风的电池为住宅供电的系统），三菱汽车开发了"MiEV Power Box"系统（从i-MiEV快速充电端口汲取电能为家用电器供电的系统），并于2012年实现了商业化。

此后，当地震、台风导致大规模停电时，电动汽车便扮演起蓄电池的角色，给家庭提供应急用电。现在，日产汽车和三菱汽车正在加速与地方政府合作的步伐，旨在打造出抗灾能力更强的城市。电动汽车将被纳入公共工程业务连续性计划（BCP），以保证灾难时期的供电量，这使得电动汽车同时扮演了移动交通工具和社会基础设施两种角色，它的价值进一步得到提升。

本田追求"能源即服务"

现在，电动汽车正在创造新的价值。它可以作为一种媒介进行能源数据的交易，在智慧城市中拥有新的存在价值。不过其前提是智能电网（新一代电网）和微电网（小型电网）的进一步推广，以及将能源数据联网的区块链和加密资产的出现。

在这样的全球趋势下，本田于2019年7月公开了新的技术和服务理念"本田eMaaS"。同年9月，在法兰克福车展上，该公司的首款电动汽车"本田e"量产车型亮相。

本田eMaaS是根据EaaS（能源即服务）和MaaS（出行即服务）创造的新词，其目标是将电动汽车、能源、网络连接起来，打造移动出行与日常生活无缝衔接的社会。

电动汽车（包括电动摩托车）之所以昂贵，是因为其中搭载的蓄电池价格高昂。为了减轻这种负担，本田正在研究车辆之间、车辆与设备之间的共享蓄电池，或将蓄电池组合成蓄电池组进行整体管理，以此创造新的价值。此外，他们还将利用可再生能源为消费者提供更清洁、更环保的服务。这就是eMaaS的基本理念。

本田欧洲研发中心位于德国奥芬巴赫，在此研究电气化和能源解决方案的克里斯蒂安·科贝尔博士（Christian Kobel）表示，在本田看来，电动汽车不仅是网联汽车，而且是网联电池。

作为本田eMaaS的成果之一，2020年2月本田宣布，将在英国启动欧洲首个电动汽车能源管理服务"e：PROGRESS"。这项服务的内容是，在电力需求低迷的时间段内以较低成本为电动汽车充电，以此促进电力需求的平均化和可再生能源的推广。

本田将与开发智能充电平台的英国公司Moixa、瑞典大型电力和能源公司Vattenfall共同提供这项服务，以此深化与电网行业其他公司的合作。

区块链提高了电动汽车的成本效益

2019年5月，MOBI成立了一个名为"电动汽车与电网整合"（EVGI，EV to Grid Integration）的小组委员会，旨在促成电动汽车与电网之间的集成与整合，由本田担任小组委员会主席，通用汽车担任副主席。2020年8月，该小组委员会创建并发布了全球首个基于区块链的EVGI标准。本田还在公司内部成立了工作组，积极利用区块链技术开展相关业务。

图5-1是本田公司正在研究的将区块链技术应用于电动汽车的应用案例。通过区块链技术，智慧城市和电网中的能源数据将被联网，而电动汽车会成为承载价值的节点，发挥重要作用。这提升了电动汽车的价值，提高了电动汽车购买者和所有者的成本效益。

图5-1　EVGI利用区块链技术的案例
（资料来源：本田汽车）

从以上举措可以看出，对本田来说，区块链是eMaaS理念的关键技术之一。与区块链技术结合之后，电动汽车将成为建设智能城市和智能电网必不可少的重要一环。

电动汽车对建设智慧城市和智慧电网来说不可或缺

采埃孚公司新举措

现在,越来越多的企业正在研发用于移动服务的钱包,并且已经开始了商业应用。这是智慧城市中电动汽车赢利的应用案例。

采埃孚汽车电子钱包有限公司(ZF Car eWallet GmbH)是2018年从汽车零部件巨头德国采埃孚公司独立出来的区块链开发企业,它的创始人兼首席执行官托尔斯滕·韦伯(Thorsten Weber)认为:"一台真正意义上的自动驾驶汽车必须具备自动支付能力。"

将来,随着全自动驾驶汽车和非接触式充电器的普及,车辆将在设有充电桩和非接触式充电器的道路或停车位上进行自动充电,并自动支付费用。除此之外,汽车还可以在合约范围内自动享受其他服务,并自动付费,无须人工干预。不仅可以自动驾驶,还能自动付费享受充电等移动服务的汽车,才是真正意义上的自动驾驶汽车。

要以M2M的方式执行智能合约和微支付,需要区块链和钱包。2017年1月,德国采埃孚公司与瑞士银行业巨头瑞银集团(UBS)、德国支持先进能源技术的创新中心(Innogy Innovation Hub)共同开发了一款面向移动服务的钱包。

2018年从德国采埃孚公司独立出来以后,采埃孚汽车电子钱包有限公司致力为移动服务提供无缝衔接、简单安全的开放市场(见图5-2)。在2019年,采埃孚汽车电子钱包有限公司与能源巨头德国拜瓦(BayWa)合作,提出了多种方案。首先推出的成果是拜瓦加油站提供的"智能加油"(Smart Fueling)服务。计划在拜瓦旗下的1500座加油站开展这一服务。

此服务的使用方法如下:用户预先将钱从电脑或智能手机转到电子钱包,设置电子钱包自动支付的最大金额。当在加油站加油时,钱包会立即自动付款。与以往银行卡付款相比,这种支付方式节省了连接到付款系统所需的时间。

采埃孚汽车电子钱包有限公司同时也在开发其他服务,例如在德国、奥地利、瑞士推出了停车应用程序专用钱包。

用于电动汽车充电的钱包也正在研发中,计划很快开始商业推广。利用这一服务,在充电站充电时,无须每次进行注册

图5-2 采埃孚汽车电子钱包有限公司开发的钱包
(资料来源:采埃孚汽车电子钱包有限公司)

和登录，只要完成充电，便可以瞬间完成支付。

电动汽车与充电站进行信息传输

另一家大型汽车零部件公司博世集团也在致力开发电动汽车钱包。2019年，该公司与从事电动汽车充电业务的德国共享充电平台、通信巨头德国电信的研发部门T实验室（Telekom Innovation Laboratories）以及从事区块链、人工智能和深度学习业务的英国Fetch. AI公司，共同发布了一款名为"易充宝"（My Easy Charge）的应用程序。

"易充宝"正处于测试阶段，研发者在汽车和充电站中配备人工智能自治代理（判断周围状况并采取合适行动的软件）。汽车的自治代理自动与充电站交涉价格，找到符合驾驶员预算的充电站，提供最佳行驶路线。例如，根据驾驶员的生活方式和兴趣，将充电站的范围锁定在孩子游玩的公园或驾驶员经常去的咖啡厅附近，并在这些充电站中寻找等待时间较短的那个。借助自治代理，用户能够轻松且高效地驾驶。

充电站运营商和移动服务提供商利用此应用程序，不仅可以简化支付流程，降低交易成本，还能为消费者提供独一无二的消费体验，这包括智能合约带来的流畅的数字体验、为消费者量身定制的高效路线搜索和设置等。这款应用程序可以使公司的服务更具特色，在市场竞争中占据优势。

Fetch. AI公司业务发展负责人玛丽亚·米纳里科娃（Maria

Minaricova）表示："电动汽车与充电站自治代理之间相互交换信息，可以减少充电等待时间，有助于缓解交通拥堵，优化区域交通网。"

将区块链和人工智能结合，构建电动汽车和充电站网络，并利用M2M方式进行数据交易，将使区域内的移动出行更加畅通，这是建设智慧城市不可或缺的重要一环。

电动汽车变为能源生产者

在智能电网的V2G（从车辆到电网）领域，人们也在积极尝试将区块链技术应用于电动汽车。

V2G指的是，将电动汽车中的电力并入电网系统，利用电动汽车调节电力的供需。世界各国为了达成节能减排的目标推出了各种举措，包括利用风力、太阳能等可再生能源发电。如今一种新的节能减排方式——V2G正在兴起，广受关注。

在智能电网中，尤其在虚拟电厂（VPP），区块链与电动汽车的结合将大有可为。虚拟电厂是一种机制，它可以集中管理可再生能源发电、蓄电池、电动汽车、住宅设施，像电厂一样控制当地的发电、蓄电和用电需求，实现能源的自产自销。

虚拟电厂出现的行业背景是西方电力行业从集中式系统向分布式系统转变。随着智能电网的发展，人们开始想办法构建分布式能源（DER，Distributed Energy Resources），于是小型能源网络，即微电网应运而生。将微电网进一步具体化、进一步发展的产物即为虚拟电厂。

从可持续发展目标的角度来看，虚拟电厂是一种具有高度可持续发展性的地区供电网络。当台风等自然灾害导致输电塔倒塌时，如果利用虚拟电厂，电网在检测到异常时便能够自动调整输电线路，防止出现大规模停电。如果能够利用虚拟电厂做到电力资源的自产自销，就可以减少传输时的电力损耗，更高效地利用电能。一些抗灾能力较弱、资金有限的国家，大规模电网仍不完备。可以预测，这些国家对虚拟电厂的需求将进一步增加。

此前我们的供电方式一直是自上而下型，垄断性的大型电力企业利用大电厂发电，然后长距离传输给用户。而如今，我们的社会需要电网以社区为单位自主供电。

构建满足以上要求的虚拟电厂必须利用区块链技术。通过区块链技术，可以建立一个适当的模型，在该模型中，虚拟电厂的所有节点都以P2P的方式连接起来，各节点信息能够同步更新，实现电力的生产和分配。现在，全球各地已经启动了多个利用区块链技术的虚拟电厂项目。

将来，如果把电动汽车添加到基于区块链的虚拟电厂的节点上，那么电动汽车不仅可以通过充电消费电力，还可以通过P2P自动将电力销售给其他节点，扮演能源生产者和消费者双重角色，自身价值得以提升。根据电动汽车持有的数据，人们能够掌握人、物、能源的动向。这样一来，通过在区块链上管理个人、电动汽车、电网设备（节点）的数字ID，便可以创建智能电网的数字孪生。能源数据便可以成为智能电网，以及包括智能电网在内的智慧城市的重要资产。

这么看来，电动汽车将在智慧城市的智能电网中占据一席之地，成为价值互联网中的重要媒介。

加强车载电池的生命周期管理

车载电池的回收再利用是一个巨大商机

"我认为电池，尤其是车载锂电池的原材料，是回收的先决条件。"

旭化成集团的名誉研究员吉野彰因为对锂电池做出的突出贡献，于2019年获得诺贝尔化学奖，在领奖后的东京新闻发布会上，他提出了以上观点。在此次新闻发布会上，吉野彰还说了一段意味深长的话。

"如果将环境问题放在首位，则会损害经济效益或生活便利性……能把环境问题、经济效益和便利性三者协调好的技术，马上就要被开发出来了……环境问题是一个巨大商机。"

在吉野先生发表上述言论的大约一个月前的2019年11月6日，他在学术期刊《自然》(Nature)上发表了一篇文章。文章中他写下了这样的警告：随着全球电气化的发展，今后将产生大量车载锂电池垃圾，这会造成严重的环境污染。汽车制造商和电池制造商对再利用和回收技术进行战略升级将带来商机，需要对此进行更深入的研究。

此外，美国麻省理工学院也在2020年5月发表了一篇学术论文，论文作者认为，对于将车载电池当作固定式蓄电池进行再利用的智能电网太阳能发电公司，以及电动汽车制造商来说，都可以通过再利用车载电池获利。在美国加利福尼亚州进行的概念验证已经证实了这一点。

电动汽车电池进入大规模淘汰期

锂电池已经成为主流车用电池，它的回收和再利用之所以能在很短时间内获得大量关注，是因为人们都认为今后可能会出现大量废弃电池。而对废旧电池的再利用和回收可以在一定程度上缓解这一问题，也有越来越多人从中发现了商机。

车载电池使用时间越长性能越差，常常出现充不满电的现象，当电池容量下降到70%时，使用者往往会难以忍受，选择更换新的电池。一般来说，电动汽车的电池容量会在6—10年内下降到70%。

如果从现在开始倒推，那段时间刚好与电动汽车迅速普及的时间相吻合。中国是世界最大的电动汽车市场，2012年6月，中华人民共和国国务院宣布了一项中期计划，即《节能与新能源汽车产业发展规划（2012—2020年）》，对有新能源之称的电动汽车首次给予了政策支持。之后，在2015年，国务院又发布了《中国制造2025》《电动汽车充电基础设施发展指南（2015—2020年）》。在政策引导下，中国的电动汽车销量从2012年的1万辆左右迅速增长到2019年的97万辆。

中国电动化的迅速发展刺激了海外市场，电动化在海外也得到了推广，全球电动汽车的销量急速增长。在普及初期购买的电动汽车，其中搭载的电池将在购买数年后"退役"。目前已经有大量的电池被废弃，今后这一数量将进一步增加。

车载电池回收再利用的问题

为了促进电池的回收和再利用，迄今为止，汽车制造商和电池制造商一直在推进车载电池的标准化和回收系统的建设。经销商和拆解商收集的废旧电池都要运往厂家，在回收站进行测试。经过测试，可以再利用的电池将被用作住宅或电厂的固定式蓄电池。在这种储能服务（ESS，Energy Storage Service）中，电池迎来了"新生"。

如果测试结果确定电池不能重复使用，那么电池将被拆解，人们从零件中取出稀有金属进行重复使用。但是，即使社会具备回收再利用的处理能力，实际回收处理的电池容量也很小。废旧电池的回收再利用迟迟没有取得进展的原因在于利润太低。

低利润背后有两个问题。首先，存在技术问题。现在处于回收阶段的多数电池，都是在电动汽车普及初期生产的，它们的生产标准不同。要将这些不同规格的电池拆解、回收，需要专用设备和专业人才，这增加了回收利用的成本。

其次，处理废旧电池需要很高的成本，而废旧电池处理后转卖出去的价格却很低。要解决这一问题，需要通过技术革新，降低废旧电池处理成本。但更重要的是，应想办法提高转售价格。

构建电池共享经济和循环经济

废旧电池转售价低的原因是，没有确立废旧电池价值的评估标准，以及电池质量（例如寿命）信息不可靠。为了将废旧车载电池投放市场，使它焕发"新生"，需要开发可靠的电池性能评估方法，并改善相应的市场环境。

如果能够测量出电池的剩余价值，且这一数值高度可靠，回收人员便能发现这个业务有利可图。他们可以将废旧电池更多地发往储能市场进行重复使用。这样做的话，电池的有效使用时间可以进一步延长。

重复使用之后，超过使用寿命的电池被适当回收，制作成新的电池，实现资源的有效利用。废旧电池流出的废液减少，改善了环境污染问题。回收再利用不断发展，可以构建电池的共享经济和循环经济，减少废旧电池的数量。

利用残值测量系统加强生命周期管理

利用区块链技术，可以加强电池的生命周期管理（LCM）。

如果利用区块链管理充放电信息（这将影响电池质量，即价值）、物理性质的变化、出售给回收公司或经销商时的交易信息，那么就能够对旧电池进行准确的价值评估。如果用户对电池品质充满信心，那么废旧电池就能卖出与其质量相当的价格，其转售价格甚至可以提高电池的原始价值。

日本区块链开发公司Kaula Inc.正在开发一个电池残值预测系统（BRVPS，Battery Residual Value Prediction System），该系统可实现电动汽车电池的可追溯性。在电池残值预测系统中，电动汽车制造商、电动汽车所有者、二手市场的中间分销商（回收商及二手商）以及二次、三次重复利用的用户，都要将安装在锂电池中的电池管理系统（BMS）收集的电池信息记录到区块链上。根据这些信息预测电池的剩余价值，并对它们进行分级。对于一次、二次、三次使用电池的用户来说，信息是高度透明的，电池的剩余价值清晰可见。这将有助于开展电池的循环交易。利用这种方法，可以将电池再利用的各个阶段串联起来，减少电池的废弃现象（见图5-3）。

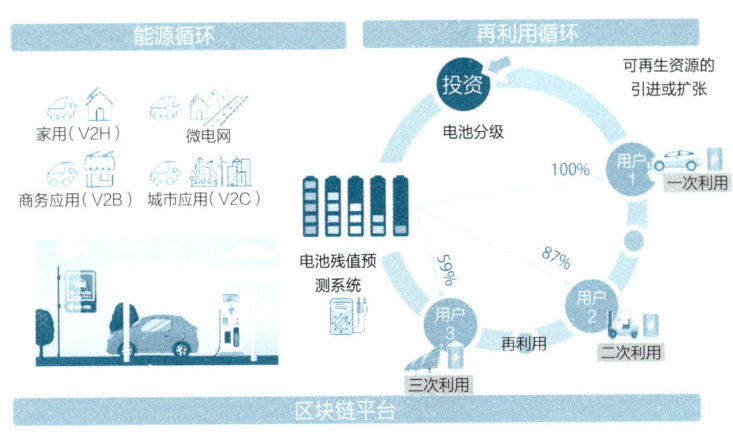

图5-3　电池残值预测系统的业务概念图
（资料来源：笔者对Kaula Inc.公司提供资料的翻译）

电动汽车制造商和电池制造商已为企业安装了该系统，到2021年年底，该系统将引入具备预测功能的人工智能。如果这一系统能够提高对电力需求的预测精度，那么它被部署在电网上的可能性就会增加。未来，Kaula Inc. 公司的目标是将该系统应用在代币经济中，创建碳信用和可再生能源的数据交易市场。

第 6 章

把"柠檬"变成"桃子",促进汽车销售

消除信息的不对称,促使保险发生变化

"柠檬市场"和信息的不对称

曾在加利福尼亚大学伯克利分校、伦敦政治经济学院执教,并于2001年获得诺贝尔经济学奖的乔治·阿克洛夫教授(George A. Akerlof)于1970年发表了一篇论文,题为《柠檬市场》(*The Market for Lemons*)。

柠檬皮很厚,从外部很难看到它里面的样子,因此在美国,质量很差的二手车被称为"柠檬"。与此相反,从外观很容易判别好坏的东西被称为"桃子"。在"柠檬市场"中,卖方很清楚自己出售的二手车价值,但买方掌握的信息却没有卖方多。买卖双方掌握的信息在数量和质量上存在差异的情况称为"信息不对称"(Information Asymmetry)。

在信息不对称的市场中,会有卖方利用买方对信息的不了解,将劣质二手车当作优质二手车出售的风险。买方意识到这种风险,便不愿意购买优质、高价的二手车。卖方预估到了这一点,会放弃向买方出售超出其预算的昂贵二手车。

结果,在市场上销售的二手车全部是"柠檬",卖方限制优质汽车的数量,因此市场上汽车数量减少。这导致二手车市场价格下降，市场规模缩小。

信息不对称给社会福祉带来两大恶劣影响。首先，在某些情况下，优质商品和服务被排除在市场之外，这被称为逆向选择。其次，会出现机会主义等道德风险，例如有人试图利用信息不对称为自己谋求最大利益。

区块链可以帮助解决信息不对称的问题，引起人们强烈关注。将交易信息记录在区块链上，该信息便很难被篡改，利用区块链技术管理并共享这些信息，构建信任机制，这样可以在一定程度上保障商品和服务的质量。

受信息不对称影响较大的市场有汽车保险市场、二手车市场和劳动力市场。本书将针对汽车保险和二手车市场进行分析说明。

汽车保险市场的逆向选择和道德风险

汽车保险中的逆向选择和道德风险大致是这样的。有的驾驶人驾驶技术好，能够做到安全驾驶；有的驾驶人驾驶技术不够熟练，容易发生事故。但是，很难对二者进行区分。保险公司如果按照统一标准收取保费，那么对安全驾驶的驾驶人来说，保费价格过高，而对经常发生事故的驾驶人来说，保费价格过低。其结果是，有可能驾驶技术好的驾驶人不买保险，只有驾驶技术不够熟练的驾驶人才买。这就出现了逆向选择，"柠檬"（驾驶技术不够熟练的驾驶人）将"桃子"（驾驶技术好的驾驶人）从市场中踢了出去。

保险公司会根据某些指标判断危险驾驶的风险程度，包括驾驶人年龄、事故历史、车辆使用频率、是否持有金色驾照[①]等，来设置保险费率。不过即使这样，仍然无法准确掌握被保险人的原始风险。

道德风险在于，购买保险之后，被保险人可能会产生懈怠心理。有人认为，购买了保险之后，即使粗暴驾驶导致汽车损坏，保险公司也会支付维修费用，自己无须费心，于是便疏忽大意，忽视安全驾驶。有的人甚至故意损坏车辆，诈骗保险金。这种对行为规范的忽视便是道德风险。

之所以发生道德风险，是因为保险公司无法全面掌握驾驶人的行为。保险公司如果无法判断事故是不小心引起的，还是道德风险引发的，就不得不按照统一标准处理。监控被保险人的驾驶行为需要付出高昂成本（即交易成本），这使得保险公司无法密切监控驾驶人的行为。这种情况下，道德风险就会增加。

车联网保险越来越普遍

随着汽车信息技术的发展，车联网保险越来越普遍。这种保险可以在一定程度上解决信息不对称的问题。保险公司利用安装在汽车上的机器，测定汽车的行驶里程、驾驶人的驾驶习惯（加速和刹车的频率和方式），收集并分析这些数据，判断驾驶人的事故风险，根据风险收取保费。

车联网保险是保险科技（将保险与信息技术相结合）的

[①] 金色驾照：在日本，满足五年内无事故等条件才能申领金色驾照。——译者注

一种，保险公司会监督工厂设备、车辆驾驶、飞机飞行，根据它们的使用信息确定保费，属于一种用户行为保险（UBI，Usage-Based Insurance）。为了称呼方便，以下将车联网保险简称为UBI。

对传统的汽车保险来说，保费是在签订合同之前计算好的。而在UBI中，保险公司通过通信系统收集驾驶信息，根据分析数据获得的信息计算出保费，然后再征收。如果驾驶行为的评价（分数）高，保险费会相对便宜；反之，如果分数低，则保险费相对较高。这是一种带有激励机制的保险，它对驾驶人的驾驶行为进行评估，以降低保险费的形式给予奖励。

UBI有两种主要类型。按里程付费型（PAYD，Pay As You Drive，即按照行驶里程设定保费）和按驾驶习惯付费型（PHYD，Pay How You Drive，即详细测定驾驶人的驾驶习惯，为安全驾驶的司机降低保费）。

UBI于1998年开始实施，当时美国前进保险公司（Progressive）推出了世界上第一款里程付费型保险产品，名为"Autograph"。2004年，该公司又推出了一款名为"TripSense"的保险产品。当时，里程付费型保险是主流产品。

从2011年推出名为"SnapShot"的驾驶习惯付费型保险开始，UBI已开始从里程付费型保险变为驾驶习惯付费型保险，与此同时UBI在汽车保险中的销售比例持续上升。

2008年雷曼兄弟金融公司破产引发了金融"海啸"，使美国人对购买汽车保险持谨慎态度，反而对UBI的需求不断增长。与此同时，伴随网联汽车的普及，UBI越来越受人们欢迎。目前，在欧洲、美国和日本，汽车保险中20%～30%是UBI。

UBI利用区块链技术

现在，驾驶习惯付费型UBI开始利用区块链技术。这是因为区块链可有效提高UBI中保险索赔的透明度、效率和可靠性。

UBI主要面临两个风险。一个风险是，保险公司在保费计算过程中具有不确定性，这可能导致逆向选择；另一个风险是被保险人向保险公司提交伪造材料的道德风险。而区块链可以规避这两个风险。

2019年4月，中国台湾台北市智慧城市项目的两家合作企业，德国埃欧塔（IOTA）基金会与中国台湾地区的区块链开发企业BiiLabs宣布，他们与台湾远程信息处理开发企业创星物联（Trans IOT）共同制订了一项UBI开发计划，旨在打造一款基于区块链技术的应用程序。

在此款应用程序中，创星物联提供车载故障诊断设备（OBD-Ⅱ），从中获取的行驶数据与哈希值一起存储在一个叫作"纠结"（Tangle）的分布式账本中。严格来说，"纠结"不是区块链，它是一种分布式账本技术，一种没有区块概念的"新一代区块链"。

在这种P2P/M2M分布式数据库中，数据不能被篡改，存储安全，可靠性高，它还解决了保费计算过程中的透明度问题。此外，在申领保险金时，只有到保险公司指定的维修公司维修车辆，才能收到由自动付款系统支付的保险金。智能合约使支付过程更透明,这无论对保险公司,还是对被保险人都是有益的。

该应用程序可以提供两种服务形式。一种是汽车制造商在生产新车时预先安装的嵌入式系统,另一种是将小型设备插入车辆的车载故障诊断设备端口后运行的系统。这样一来,新车和搭载有车载故障诊断设备端口的二手车都可以导入这款应用程序。

在UBI中应用区块链技术,除了能解决诸如汽车保险逆向选择和道德风险之类的问题外,UBI中无法篡改的驾驶数据和事故、维修历史数据还能提高二手车评估的准确性。此外,UBI旨在鼓励人们安全驾驶,它的普及有助于减少交通事故,提高社会的安全性。UBI为安全驾驶行为提供代币奖励,是一款适合代币经济的应用程序。今后,人们可能还会研究如何将UBI与本地数字货币结合起来。

建立新的税收制度,促进二手车市场的稳健发展

创建二手车的数字孪生

在汽车销售行业引入区块链技术,可以提高二手车评估的准确性,使更多的"柠檬"变为"桃子",促进二手车市场的

稳健发展，振兴二手车经济。

如图6-1所示，汽车制造商在新车里安装数字钱包并发行数字识别标识，把数字识别标识记录在区块链上，利用物联网就可以建立汽车的数字孪生。

数字孪生可以反映出新车、二手车经销商以及二手车电子商务平台的交易信息、维修厂和保险公司持有的车辆事故和维修历史记录，以及从车载传感器中获得的行驶里程、发动机、电池的状态等信息。

这些信息决定了二手车的价值，它们一旦写入区块链，便无法篡改。交易双方共享这些交易信息，这可以提高二手车评估的准确性。

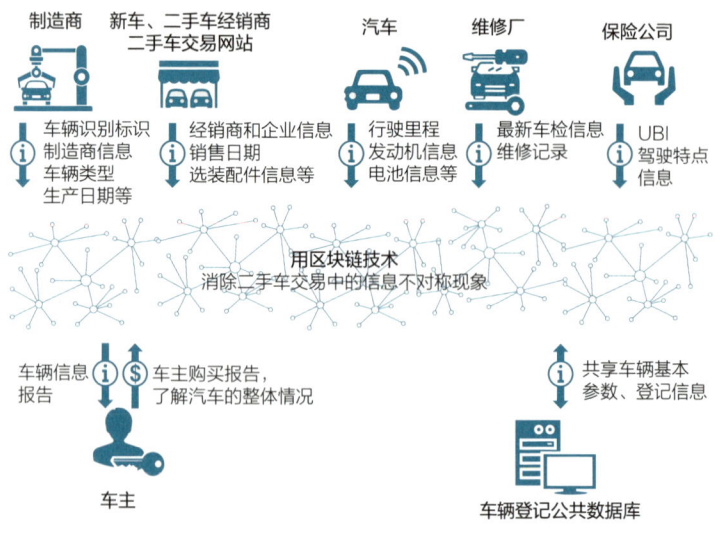

图6-1 将区块链技术应用于汽车分销领域的概念图
（资料来源：笔者制作）

这样一来，二手车的评估价值便可以接近于它的真正价值。通过创建二手车的数字孪生，能够消除信息的不对称性，有助于增加市场上优质二手车的数量，改善市场行情。

如果二手车市场有所改善，那么二手车的价格也将上涨，车主更容易更换下一辆新车。如果制造商和经销商都能够充分利用区块链提高二手车价格，那便可以刺激新车的市场需求。

发行数字识别标识不仅可用来构建数字孪生，还可以防止伪造车辆识别码（VIN，Vehicle Identification Number）。车辆识别码是根据车辆制造商、工厂、车身信息等创建的车辆专用编号，它被压印在车体框架的金属板上。

市场上有很多车辆识别码被篡改的汽车（包括摩托车）在销售。与车辆识别码相比，数字识别标识很难被篡改，我们可以用它来替换具有被篡改风险的车辆识别码。

车辆数字护照

宝马与许多区块链企业合作开展业务，其中包括利用区块链技术销售二手车。

2019年4月，宝马宣布，他们正在与中国区块链公司唯链开发一款名为"车辆验证"（VerifyCar）的应用程序。该应用程序记录了汽车的行驶里程、电池和滤芯更换的历史记录，且它们无法被篡改。这种汽车数字账本也称为"车辆数字护照"。

在德国，大约30%的二手车都被篡改过行驶里程表，它们的行驶里程数普遍被改小，这是妨碍二手车评估准确性的重要因素。事实上，这种现象不仅出现在德国，其他国家也有同样的问题。区块链技术可以防止此类欺诈行为的发生，能提高二手车质量，改善二手车市场行情。

该应用程序已经通过了实际车载环境下的测试，宝马计划在不久的将来推出该款应用程序。

新加坡开始在二手车市场开展概念验证

新加坡的二手车交易量约为每月9000辆，其中约70%在该国最大的汽车销售网站新加坡汽车交易网（sgCarMart）进行。该网站于2019年7月宣布与海洋协议公司（Ocean Protocol）合作，后者负责提供一种分布式数据交换协议。同时，他们已经开展了一项名为"汽车数据市场"（Know-Your-Vehicle Data Marketplace）的联合概念验证。该实验利用区块链技术，安全共享二手车数据，帮助消费者做出更准确、客观的购买决策。

身份验证过程通常被人们称为KYC。现在以金融行业为首的各个行业，正在全球进行一项概念验证，将KYC结果记入区块链，以确保其真实性，一次即可完成本人信息输入、身份验证文件上传等操作。而KYV则是将KYC中的个人信息换成车辆信息。

汽车数据市场平台的参与者除了二手车主、维修厂之外，还有保险公司、汽车检测企业VICOM和新加坡陆路运输管理局（LTA）。车主首先将车辆信息输入系统，然后维修厂或保险公司在系统中录入维修、事故历史和保险信息。平台还设计了激励机制，为记录数据者提供代币奖励。

通过构建这样的数据市场，可以消除二手车交易中的信息不对称现象。这样一来，二手车交易被激活，市场上会投放更多优质的二手车，二手车市场行情将得到改善。新加坡汽车交易网相关人士说："新加坡产业界和政府利用这一数据市场，不仅可以振兴市场，还能为新加坡人打造一个更加环保、高效的移动社会。"

进一步推动日本二手车的全球化发展，区块链必不可少

未来，像新加坡这样把区块链与二手车销售结合起来的方法将普及到全世界。中国二手车每年交易量达1500万辆，市场规模巨大。中国区块链解决方案公司云图（PlatON）在2019年8月宣布，他们正在为北京梅赛德斯-奔驰销售服务公司开发一款二手车剩余价值管理平台。

在二手车国际市场中，有越来越多的国家利用区块链技术开发新事业，这为日本汽车产业提供了良好借鉴。日本汽车驾驶座在右边，能满足部分国家的驾驶需求，同时因为汽车质量较好，所以在国际市场上广受好评，2019年约有130万辆出口（见表6-1）。如果加上申报价格不满20万日元没有列入日本财务省统计范围的二手车，实际上出口数量大约为150万辆。而

2019年日本国内注册的二手车数量为384万辆,说明在日本交易的二手车中约有3成出口。

表6-1 日本出口的二手车数量(千辆)

年份	合计	非洲	阿联酋	俄罗斯	新西兰	智利	缅甸	蒙古	斯里兰卡	牙买加	其他
2009	675	158	90	53	57	51	7	6	2	4	247
2010	838	190	87	105	69	79	8	20	27	4	249
2011	857	191	81	111	68	69	20	36	38	6	237
2012	1003	214	88	142	61	62	121	30	11	11	263
2013	1164	261	99	168	91	78	135	35	18	11	268
2014	1281	283	113	128	110	73	160	35	34	10	335
2015	1254	284	136	49	118	65	141	32	59	17	353
2016	1186	227	151	48	122	74	124	32	24	23	361
2017	1297	285	144	69	135	91	100	42	38	33	360
2018	1328	340	127	95	116	93	68	61	71	30	327
2019	1297	319	172	123	112	81	63	60	33	33	301

注:表中未包含日本每年向全球出口的申报价格低于20万日元的汽车,约为20万辆。
(资料来源:笔者根据日本财政部的统计数据制作)

因此,国际市场行情的波动对日本国内二手车市场有很大影响。二手车拍卖价格是二手车市场的晴雨表,是制定折价价格的标准，并且会影响新车的更换需求。

新加坡汽车的驾驶座位于右侧。该国将区块链技术引入二手车市场后，销售到该国的日本二手车行情也得到改善。这一点对日本汽车产业来说是一个好消息。今后我们仍然需要关注二手车市场（包括日本在内）对区块链技术的导入行为。

与新车市场一样，二手车市场的电动化趋势正在加速。因此，日本制造二手车的出口目的地中，将来不仅对二手车的需求增长，对电池再利用、再循环的需求也会增加。如果我们使用区块链技术建立二手电动汽车的生命周期管理，那么不仅能推动日本二手车分销业务进一步全球化，还能在新的电池循环经济中不断开拓新业务。

此外，近年来，在非洲和中东这两个主要的出口目的地，业界越来越多使用加密资产进行交易。日本大多数二手车出口商都是中小企业，使用手续费低廉的加密资产在其他国家支付更容易开展业务。因此，加密资产有助于扩展日本二手车市场。

在斯里兰卡的二手车市场中，车辆新、单价高，日本每年向该国的出口量很大。因此我们也要密切关注斯里兰卡的相关行业动向。该国中央银行有意将基于区块链技术的KYC系统导入银行业，并将区块链技术导入整个社会中。

斯里兰卡在2015年左右从日本和英国进口了数千辆较新的日产"聆风"二手电动汽车。现在，大部分车载锂电池都成了"埋于深山的宝藏"，等待着人们去挖掘，发现它的价值。

值得注意的是，在亚洲，智能电网正在普及，因为车载电池有利于智能电网的发展，所以二手车销售市场具有很大的发展潜力。

综上所述，与日本有大量二手车交易的国家正积极引进区块链和加密资产，这对于日本汽车行业来说，是不可忽视的重要动向。

帮助建立按里程收费的税收与结算系统

将区块链与汽车销售结合起来，不仅可以拓展二手车市场，还能促进新型移动社会的建设。如果车辆登记机构也加入图6-1所示的平台，便可以摸索出一套符合时代需求的新型税收体系。

利用电子钱包管理新车注册时签发的车辆检验证书，将数字识别标识和个人身份ID关联到一起，就可以利用智能合约进行无纸化征税。如果基础设施和汽车通过物联网连接起来，中央政府和地方政府就可以根据汽车行驶里程征收公路通行费，而且这些费用也可以以加密货币的形式通过M2M的方式进行微支付。

我们正处于一个新的时代，CASE、MaaS等新一代汽车业务将支持按里程数交费。因此，可以说，按行驶里程征收车船税或公路通行费是符合新时代要求的税收体系。

由于年轻人不愿意购买汽车，加上停车费较贵，使得大城市的汽车保有量正在减少。我们应该考虑在大城市引进按车辆使用情况征税的机制。大城市公共交通发达，人们并不常用汽车出行。如果按照汽车实际使用情况征税，会在一定程度上提高人们的购车欲望，刺激市场需求。尤其在新冠肺炎疫情大流行时期，人们乘坐公共交通工具的话则难以保持社交距离，因此人们更希望乘坐私家车上下班、上下学以及外出游玩，这也可以促进汽车的销售。

我们还可以导入一套本地付款系统，利用本地数字货币（加密资产）进行支付。在代币经济形成之后，就可以根据驾驶人的驾驶行为（使用电动汽车、安全行驶）为其提供加密资产作为奖励。在这种代币经济中，使用社区币为环保车减税，可以鼓励人们出行和消费，促进当地经济的发展。

完全实现从车展到新车交付的线上操作

新冠肺炎疫情时代新的汽车销售模式

据预测，在区块链社会中，汽车营销模式将会出现如下新变化。

从车展到新车发布会，从消费者在线配置（车型报价模拟）到决定购买，整个过程的购车体验都将利用VR、AR在网络空间中实现。现在，这种体验从技术上来说是可行的。

如果我们有了基于区块链技术的智能合约，那么就无须手写签名、盖章，也不需要纸质文件，在决定购买之后，买卖合同、租赁合同、申请和受理车辆检验等所有手续都可以在线完成。不过要做到完全智能化操作，我们还有一些障碍需要跨越。在新冠肺炎疫情流行时期，人们需要保持一定的社交距离，在区块链的帮助下，消费者无须到经销商店里与销售人员面对面交流，只需在交付新车的时候，让他们将车送到自己家门口就行了。

在法律允许直销（不经过经销商，商品直接由生产商出售给消费者）的国家或地区，新车可以直接从工厂被送到购买者的家门口。购车的感觉就如同从苹果公司网站购买苹果手机，以及在亚马逊上购物一样。

以前，交易信息的不对称使消费者蒙受损失，他们为了避免这一点，不得不自行收集信息。区块链社会中，消费者节省了这一部分的时间与精力，而且不必与经销商讨价还价。经销商可以因地制宜，专心为当地居民提供量身定制的移动体验。在日本，即使汽车销售店拥有各种渠道，销售多种品牌的车辆，看似给汽车专卖店的销售带来很大威胁[1]，汽车专卖店仍然可以利用各自持有的地区数据，充当城市"交通服务专员"，打造差异化服务。

---

[1] 汽车专卖店只与某一汽车厂家签约，只销售该品牌的车型；而汽车销售店不与厂家签订专卖合约，它销售各种品牌的车辆。——译者注

车展和新车发布会也在网上举行

由于新冠肺炎疫情的蔓延，原定于2020年举办的、有着悠久历史的日内瓦车展、纽约国际车展、北美国际车展、德国汉诺威商用车展都被取消。

在日内瓦车展取消之后，原定要参展的主要汽车制造商已将其展示方式从线下改为名为"虚拟媒体日"（Virtual Press Day）的线上服务。他们可以利用社交网络软件和油管网（YouTube）在线发布概念车和新车。最终，在线车展和新车发布会都取得了成功，这给我们带来很大惊喜。

大众汽车利用VR举办了有史以来第一次数字车展和新车发布会。为了实现"360度全方位体验"，他们计划在日内瓦车展上展出的所有汽车以及整个展位都经过数字处理，为消费者提供三维体验，就像在现实中的车展上一样。消费者可以在线参观展位，甚至可以单独浏览展位。通过点击网站中的附加功能，消费者可以更改车辆的车身颜色和车轮样式，体验交互式演示带来的乐趣。

大众汽车的首席营销官约亨·森皮尔（Jochen Sengpiehl）在新闻稿中说："大众汽车的第一个数字展位仅是一个新的可持续概念的开始，它将不断创造创新式在线体验。作为数字化战略的一部分，我们将继续探索VR与汽车展示的结合。VR将成为体验式营销的一部分，是大众汽车对外展示、与客户和粉丝互动的重要一环。"

灵光利用XR打造的新式购车体验

大众汽车在日内瓦车展上发布的上市车型——新款电动汽车ID.3可以通过VR在线配置（见图6-2）。为大众汽车提供这一方案的是英国灵光公司，该公司于2014年在英国纽卡斯尔创立，它颠覆了以往的购车方式，利用VR、AR技术，为用户提供崭新的购车体验。该公司利用最先进的3D图形制作技术，开发数字孪生的制作工具，例如汽车的在线3D配置器、AR体验工具（见图6-3）等。他们的客户包括德国大众、奥迪、宝马、保时捷和美国凯迪拉克等，客户数量正在稳步增长。

图6-2　灵光开发的VR在线配置应用
（资料来源：灵光）

图6-3　灵光开发的AR应用程序
（资料来源：灵光）

疫情下的社交距离凸显了对数字孪生的需求

2020年6月，灵光公司发布了一款专为汽车厂商设计的3D云视觉平台"Re：Connect"。该名称意味着因新冠肺炎疫情被取消的活动，以及与客户的联系将被重新连接起来。该平台包括三个部分，分别是发布、接洽、展示。

在发布部分，汽车制造商可以利用网络空间举行新车发布会和车展。网络用户不仅可以感受数字车展的三维体验，还能为新车型选择自己喜欢的颜色、样式和配置。选择好之后，就可以下载在该配置下的汽车图片和视频。印有车展活动、新车型的宣传单也可以根据自己的喜好进行数字化设计。

在接洽部分，客户和经销商一对一交流，实时在线选择车型。双方利用互联网3D汽车配置服务，进行远程协商谈判。谈判结束后，客户会收到自己选定的车型介绍手册，作为以后协商谈判的参考。要注意的是，该手册以PDF形式通过网络传送，无须打印出来邮寄给客户。

英国《每日电讯报》在2014年进行的一项调查发现，过去十年里，购车用户前往4S店考察咨询的次数从7次下降到1.5次。现在，购买新车的用户60%的时间都在利用互联网进行调查和筛选。人们对于像"接洽"那样的在线购车体验需求，今后还将继续增长。

展示部分将经销商与库存车辆联系起来。在系统中输入库存车辆的车辆识别码和登录编号，只需点击几次鼠标，就可以瞬间做好库存车辆的数字孪生，并将其应用于网站发布和广告宣传。

这样一来，人们可以通过互联网在线体验从逛车展到购买的整个过程。该平台的开发并不是因为新冠肺炎疫情导致人们不得不保持一定的社交距离。实际上，早在新冠肺炎疫情暴发之前，灵光公司就已经着手开发这一平台，以满足用户的需求。

2015年美国埃森哲公司[①]以全球10000名消费者为对象进行了一份调查。调查结果显示，三分之二的受访者有过在线购车的经历，或者将来打算在线购车。如今距离这次调查已经过去多年。在这些年中，"数字原住民"Z世代的人口比例有所增加，数字化技术得到进一步发展，可以推测，在线购车的需求正在稳步增长，而此次的新冠肺炎疫情冲击将进一步加速这一趋势。

维萨和DocuSign公司的汽车租赁智能合约

线上购车的最后步骤是签约和交车，此处的签约无须和经销商接触，我们可以利用基于区块链技术的智能合约来完成这一过程。

无须面对面接触就能完成签约？这究竟是怎样的合约呢？2015年，从事电子签名业务的美国DocuSign公司和维萨[②]（VISA）共同进行了一项概念验证，内容是利用区块链技术提高汽车租赁合同的签订效率。租赁汽车的时候，除了需要签订租赁合同之外，还需要很多文件，包括保险合同、付款凭证等。这项概念验证通过使用区块链技术，做到了无纸化签约和无纸化银行卡登录。

智能合约的流程如下。首先，在区块链上注册所购车辆数

[①] 埃森哲公司：大型管理咨询公司和技术服务供应商。——译者注
[②] 维萨：美国信用卡品牌。——译者注

字识别标识，于是该车辆便成了数字资产。顾客利用驾驶座前的屏幕操作车内应用程序，根据租赁该车后每年的行驶距离，选择租赁计划。在租赁计划上进行电子签名后便完成了合约的签订并记录到区块链上。

接下来，从多家保险公司的报价中选择中意的汽车保险，对汽车保险进行电子签名后便完成了合约的签订，保险合同被记录在区块链上。最后，注册信用卡，用于支付租金和保险费，合约签订完毕。

此概念验证使用的货币是比特币，但是由于可伸缩性问题（由一个区块中写入的交易信息数量受到限制而引起的问题）导致区块链的响应时间变长、响应速度变慢，因此实验并未成功。但是，今后随着科技的进步，如果区块链的可伸缩性问题得以解决，那么这种智能合约便能够实现。智能合约不仅可应用于租赁合同，也适用于买卖合同，并且它也可以通过手机应用程序来操作。

日本能摆脱印章和纸的文化吗

在日本，购买汽车时需要在纸质合同上盖章。如果想要实现在线签约，就必须把印章改成数字签名。数字签名是通过加密技术实现的一种签名，利用私钥加密、公钥解密的形式进行签名认证。将数字签名和个人数字身份标识联系在一起，可以确保本人的身份。

以前，我们要去政府机构为印章备案登记，利用登记之后的印章和印章登记证明才能证明签约盖章的是本人。数字签名将这一过程转移到线上进行。爱沙尼亚等国家已经引入了数字身份证。在日本，如果能以此次新冠肺炎疫情为契机，推广数字身份证，实现在线行政服务，摆脱"印章文化"，推进远程办公，将有助于推广数字签名。届时，我们便可以利用数字签名做到完全线上签约。

手机中的数字钥匙取代传统汽车钥匙

将来，新车到货的时候，车主可以让经销商直接把车送到自家门口，在整个汽车交付过程中不使用传统的汽车钥匙，而是利用区块链技术的数字钥匙，它可以取代传统钥匙。

智能手机上的数字钥匙已经应用在共享汽车上，它可以用来解锁、锁定、启动汽车和转移权限。澳大利亚区块链开发企业共享环（ShareRing）的首席执行官兼联合创始人蒂姆·博斯（Tim Bos）在2013年开发了利用区块链技术的共享汽车平台"Keaz"。

用户在平台注册之后，只需扫描贴在汽车上的二维码，即可解锁并使用停在城市中的汽车，这些汽车多数是经销商和汽车租赁公司拥有的车辆。

在以前，人们需要前往汽车4S店或租赁公司租车，在出示身份证验证身份之后，才能领取汽车钥匙，开走这辆车。现在，手机中的数字钥匙利用了区块链技术，可以用来解锁、锁定和启动汽车。它可以与串行总线系统（CANbus）、车辆故障诊断装置（OBD-Ⅱ）等车载设备通信，取代传统汽车钥匙。

在用车之前，用户需要登录共享汽车的预约管理系统操作。他们可以进行新的预约或变更、删除预约内容。利用这一系统，用户能够享受无缝衔接式的共享服务。

汽车经销商和租赁公司利用这一共享平台，可以提高自有车辆的利用率和投资回报率。在该系统内也可以加入二手车，经销商可以将被置换的旧车也拿来运营，节省车辆存放空间。

Keaz平台是白标平台[①]，到2020年3月为止，该平台已经注册了大约4000辆汽车，它最大的客户是澳大利亚丰田汽车公司。除此之外，澳大利亚境内的法国汽车租赁公司Europcar，美国境内的宝马经销商、美国共享电动汽车公司Envoy以及美国多个地方政府都引入了该平台。

2020年3月，乘车共享平台开发商德国Wunder Mobility公司收购了Keaz平台的知识产权，Keaz平台改名为"Wunder Rent"，并沿用至今。

如上所述，如果把利用区块链技术的数字钥匙组装到新车上，交付车辆时，可以从技术上实现送车到门口，安全便捷。

亚马逊可能变身为汽车企业

今天，亚马逊的很多商品都是送货到家，将来的某一天，

[①] 白标平台：英文为White Label，指的是某公司研发了一款产品，它可以根据其他不同公司的品牌形象被包装成该公司的产品。——译者注

149

或许汽车也可以送货上门，而且说不定那辆车正好是亚马逊品牌。

2020年1月，在美国拉斯维加斯举行的国际消费类电子产品展览会（CES）上，亚马逊表示他们正在着手销售汽车。亚马逊在美国的亚马逊汽车（Amazon Vehicles）网站上开展汽车销售业务，不过此前汽车的各种选装配置都是在各个汽车公司网站上进行的。而现在，亚马逊在国际消费类电子产品展览会上发布了新的方案，方案显示，今后亚马逊将利用灵光公司的AR和VR技术，在自己网站上进行汽车选装配置。

亚马逊同时也积极参与AR的开发工作。2018年亚马逊获得了一项AR技术专利，利用这项技术，能够在购车前就看到一幅完整的汽车图像，图像中的汽车装配了所有的零部件，是一辆完整的汽车。2017年，亚马逊与多家美国大型供应商签订了销售合同，试图进军汽车零部件市场。

一些国家和地区允许直销，汽车可以直接从生产商交付到消费者手里，无须通过经销商。在这些国家和地区中，在智能合约和数字钥匙的助力之下，人们可以通过亚马逊网站购车，并且能指定送货方式，让厂家直接把新车送到家门口。

亚马逊真的能成为汽车制造商吗？答案是肯定的。2019年2月，亚马逊向新锐电动车制造商利维汽车（Rivian Automotive）注资7亿美元（按当时汇率，约等于49亿元人民币）。之后，双方签署合约，利维汽车将为亚马逊制造10万辆电动汽车，并于2021年交付。

据说亚马逊将和利维汽车共同开发这款定制版电动汽车，

汽车将搭载亚马逊投资公司（美国当地时间2020年6月26日，亚马逊宣布将收购开发自动驾驶技术的初创公司Zoox）的自动驾驶技术。

从这些动向来看，在不远的将来，亚马逊的业务将包括汽车制造、销售、物流、售后服务，涵盖从上游到下游的整个价值链，成为一家"综合性移动出行服务企业"。

第 7 章

数据交易市场解决公地悲剧

以人为本的激励设计助力减少环境污染

实现汽车社会成本和社会效益的内部化

对汽车行业的相关利益方来说,汽车行业的最大挑战是如何将社会成本压缩到极致,以及如何解决公地悲剧[1](The Tragedy of Commons)问题。如今,人们认为区块链技术可以解决上述问题,因此,社会非常关注这一技术。

已故东京大学名誉教授宇泽弘文在1974年撰写的《汽车的社会性费用》一书中,这样解释社会成本概念。

"当某种经济活动直接或者间接影响到第三者或整个社会,造成各种形式的损害时,就会发生外部不经济现象。不仅是汽车出行,一般来说,公害以及环境破坏的现象从经济学上看,都可以归结到外部不经济的概念中。外部不经济现象对第三者或整个社会带来各种恶劣影响,其中责任方不负担的那部分费用被称为社会成本。"

使用汽车导致社会基础设施(例如道路)和社会共通资本

---

[1] 公地悲剧:由于个人利益和集体利益不一致,而且不存在能够保证它们一致的权力体制,因而发生自然资源的耗竭。——译者注

（例如自然环境）受到一定程度的污染和破坏，汽车对社会的不利影响就是它的社会成本。具体来说，这些社会成本包括：①修建和维护道路，提供交通安全设备和交通安全服务的必要费用；②汽车事故造成的生命和健康损害；③汽车出行带来的公害问题导致城市环境被破坏；④观光公路中自然环境的破坏；⑤交通拥堵为出行者带来的经济损失等。

产生这种社会成本的问题被称为公地悲剧。从地球环境角度来看，汽车已经成为一大公害。如何使社会成本最小化，如何解决公地悲剧，这是汽车社会的最大难题。

人们从20世纪60年代后半期就开始研究社会成本、社会共通资本以及公地悲剧等经济学问题。当时，全世界都在探讨地球环境问题，美国为了防止大气污染制定了《马斯基法案》(*Muskie Act*)。直到今天，为了削减社会成本，世界各地的汽车制造商仍在不断推动内燃机和电动化技术的革新，而决策者则在努力制定政策解决公地悲剧。

随着互联网社会的发展和区块链的诞生，解决这些问题的划时代方案诞生了。利用基于区块链技术的M2M智能合约，上述外部不经济现象给第三者或整个社会带来的恶劣影响中，责任者不承担的那部分费用可以立即以加密资产的方式直接支付给系统管理人，从而将汽车的社会成本内部化。此外，汽车在行驶过程中收集很多有助于纠正外部不经济问题的数据，它可以向社区出售这些数据以产生社会效益。

利用区块链的关键是通过创建网联汽车数据市场减少公害污染。

接下来，我将针对公地悲剧进行进一步说明，具体内容包括公地悲剧理论（如何管理公共资源）的发展变化，以及以网络社会信赖关系为基础的社区体系的诞生。在此基础上解释为什么区块链技术可以有效解决汽车社会的问题。

公地悲剧与污染公害

在近代以前的英国，封建主在自己的领地中划出一片尚未耕种的土地作为牧场，无偿向牧民开放，这种人们共有的土地被称为"公地"。1968年，美国著名生态经济学家加勒特·哈丁（Garrett Hardin）在《科学》杂志上发表了一篇题为《公地悲剧》（*The Tragedy of the Commons*）的论文。

哈丁描述的公地悲剧是这样一个故事。该牧场是开放式的，任何人都可以使用，因此，有大量牧民在那里放牛。他们为了追求最大利益，在牧场养了越来越多的牛。如果牧场是私人所有，那么牧场主人可以限制牛的数量，防止牧草被吃光。但这是一片公有地，任何人都可以在此放牧，就算自己不增加牛的数量，别人也会增加，这时自己便吃了亏。

于是，牧民们想尽办法在牧场养了越来越多的牛。他们抱着"不用白不用"的心理，自由使用那片公有牧场，最终牧场中的草被牛吃光，所有牧民都遭受了损失。

在世界范围内，经济高速发展导致的污染和资源匮乏等环境问题越来越严重，公地悲剧不断重演。公共物品和有限的共享资源被乱用、滥用，造成了严重的社会危害，这些已经成为广受关注的经济问题。交通拥堵和大气污染等公害问题已经成为外部不经济的典型现象。

大城市的主干道路发生的交通拥堵问题就属于公地悲剧。"公地"在此处指的是道路。驾驶人出于合理的理由,选择最短的驾驶路线。只要道路上车辆不多,即使增加一辆车,通行速度也不会减慢。但是,从某一时间点开始,随着汽车数量增加,整体通行速度降低,发生交通拥堵现象。本来驾驶人是想尽量缩短驾驶时间,但最终所有驾驶人的驾驶时间却都变长了。看似合理的行为,却导致了损害全体驾驶人(包括自己在内)利益的结果。

要避免出现公地悲剧,通常认为有两种解决方法。一种是将资源私有化,将所有权交给某个利害关系者;另一种是政府对资源进行集中管理,向使用者征收使用费,以此调节供需。换种说法,要解决与公共物品或共享资源有关的外部不经济问题,有两种办法:或者利用市场调节,或者政府干预介入。这就是公地悲剧理论的传统主张。

奥斯特罗姆教授的"以人为本的公共管理"模式

获得2009年诺贝尔经济学奖的美国政治学家埃莉诺·奥斯特罗姆教授(Elinor Ostrom)在1990年撰写的著作《公共事务的治理之道》(*Governing the Commons*)中,对传统观点提出了质疑。她从理论上阐释了相比公地私有化,或者国家集中管理,由日常利用该资源的社区制定自治条款管理,是一种更具可持续性的管理方式。

类似的自治管理方式，奥斯特罗姆教授举出了瑞士某村庄的奶农社区规则。这一规则可追溯至1517年，至今仍被人们执行。该规则的内容是"任何人在阿尔卑斯山上放牧牛的数量，坚决不得超过冬季牧草可承受的范围"。

阿尔卑斯山上的公有牧场之所以500年间不曾荒废，是因为那里的人们遵守社区规则，意识到自己的行为会给社区带来影响，因此有节制地放牧，维持了公共资源的可持续性发展。

社区管理公共资源，使之可持续性发展的例子还有西班牙的灌溉渠、日本的森林等。奥斯特罗姆教授得出的结论是，解决公共事物纷争的最好方法不是市场的力量，而是人类社区的力量，人们可以为了公共利益而共同努力。

互联网社会中的网络效应与互惠精神

关于公地理论，人们一开始倾向于利用货币手段，通过建立货币经济或提供公共资金进行商品或服务交易，用这种方法管理资源。后来又意识到，应该通过非货币手段，利用人们的互惠互信关系建立一个系统，以此来管理资源。思想的变化源于时代的变化。随着数字社会的发展，在互联网的媒介作用下，个人资源得到共享，人们热烈追求公地理论的现代版，这是传统理论发生变化的外部原因。雷切尔·布茨曼（Rachel Botsman）是现代版公地理论的提倡者，在他与茹·罗杰斯

（Roo Rogers）合著的《我的就是你的》（*What's Mine is Yours*）一书中，对共享经济和公地做出了如下解释。

人们对网络资源（数据）的认可行为（例如点赞），或者对它贡献度的评估（例如评分），都说明了这一共享资源的可信度。网络社会中的资源共享是一种新的范式[①]，人们（有共同利益的人）利用它来创造价值、创建社区。发布资源的人正在为其他参与者提供价值。参与者越多，所有用户越可能从网络规模的扩大中获得更大的价值，这被称为网络效应（Network Effect）。

在表现出网络效应的社区中，将自己持有的数据提供给社区，使社区中的所有人都能共享这些数据资料，这将有利于整个社区系统建设。如此一来，数据提供者便可以从社区其他人那里获得一定的回报，这就是互惠原则（Reciprocity）。

在社交网络中，存在一种间接的互助行为，被叫作"间接互惠"（Indirect Reciprocity），即"我为人人，人人为我"。这种间接互惠也称为"礼物经济"（Gift Economy），礼物的馈赠并没有前提条件，授受双方并没有约定赠予礼物的行为在现在或者将来能得到回报。在这种社区体系中，人们需要新的信赖和互惠形式，这促进了人们的共享和协作，增强了人们的荣誉感、社交活跃度和忠诚度。

---

① 范式：符合某一种级别的关系模式的集合。——译者注

共享经济、公地和区块链的交集

在社区中建立共享平台，参与者变成了公地的共同管理者，与其他参与者共同构建利他型互惠关系。通过网络共享资源，可以创建现代版的可持续发展公地。

在此价值观的指引下，进入21世纪之后，共享经济一词开始广为流传，并涌现了一批代表性平台企业，例如脸书、优步（Uber）和爱彼迎（Airbnb）等。

人们相互协作，利用适当的工具完成特定项目或需求，根据既定规则相互监督，公地共有人可以自主管理公共资源。共享平台提供的市场（买卖双方可以自由加入的网络交易市场）中，绝对没有自上而下的命令和统治，在任何阶段都不需要中心化管理者的许可和决策，也不需要中间人的介入。

在这里，人们利用P2P平台创建分散的、扁平化的社区，同时也构建与他人之间的信任和互惠关系。

区块链能够帮助我们找到共享经济与现代版公地之间的交集。换句话说，互惠性信任关系和以人为本的社区正是区块链社会的本质。区块链世界中有加密资产，它表示一种信任价值。人们使用加密资产为有利于社区的行为发放代币作为奖励。价值（信任）的网络化可以帮助人们避免公地悲剧的发生。

现有的共享经济与利用区块链的代币经济之间的区别在于，在智能合约的帮助下，后者对于数据提供者的回报更加可靠和直接。

以人为本的移动出行计划

到目前为止,我们讲述的内容大多都比较抽象。那么,有没有具体的应用案例呢?接下来,我要通过意大利博洛尼亚的一个成功案例,介绍什么是移动出行中的互惠性信任关系和以人为本的设计。

2017年4—9月这半年时间,博洛尼亚开展了一项名为"Bella Mossa"的移动项目概念验证。"Bella Mossa"在意大利语里的意思是"做得好"。

博洛尼亚与公共交通机构SRM共同主持实施了该项目,项目的开发资金主要来自欧盟委员会科研促进计划"地平线2020"的援助金。该项目开发了一款手机应用程序(见图7-1),只要践行低碳环保的移动出行模式,就可以兑换积分作为报酬。

这款应用程序由英国科技公司BetterPoints公司负责研发。他们利用了游戏化的营销方式,开发出"行为变更管理系统"(Behaviour Change Management System),设计了报酬积分和行

图7-1 Bella Mossa项目
(资料来源:博洛尼亚市官方网站)

动目标，以刺激和鼓励参与者改变出行方式。

游戏化是一种营销模式，它将游戏中的规则、激励机制等元素应用于非游戏的场景，以此吸引、激励人们去参与其中。

这款应用程序的使用方法如下。参与者利用应用程序设定目的地，系统便会推荐到目的地的出行路线。只要不使用私家车，而是采用低碳出行的模式，包括步行、骑自行车、乘坐地铁、公交车、火车或使用拼车等，这样就可以获得积分奖励。

利用这些积分，可以在城市中的酒吧、冰激凌店兑换啤酒和冰激凌，或者在电影院里免费看电影。他们还在学校和企业开展积分竞赛，学生获得高积分后，学校能获得文具和玩具的奖励；积分排名靠前的企业，员工还会获得额外积分。

这款应用程序取得了良好效果。在为期半年的概念验证期间，一共有15000人参与其中，其中有73%的参与者减少了私家车的使用。他们放弃使用私家车出行，采取低碳环保出行共计90万次，距离合计370万千米，一共减少了728吨二氧化碳的排放。而参与积分兑商品服务的当地商店，业务则更加活跃。

博洛尼亚的私家车很多，平均每100人拥有60辆汽车。为了减轻交通拥堵，鼓励市民利用低碳环保的公共交通出行，博洛尼亚市曾经禁止在冬天的白天驾驶使用年限较长的旧车和排气量大的汽车，这一政策引发了市民的诸多抱怨。

Bella Mossa的项目经理马尔科·阿马多里（Marco Amadori）说："Bella Mossa将消极引导转变为积极引导，它设计了一种激励机制——你的行为对城市有好处，就能获得奖励。"这种方法受到了大多数居民的好评。

这款应用程序能够促进社区建立互惠关系，利用代币手段改变人们的行为。博洛尼亚仅凭一款应用程序，便促使人们积极采取低碳环保的出行方式，同时振兴了当地的经济。这说明，无须在交通基础设施上进行大量投资，只需利用以人为本的应用程序，便可以打造出更加低碳、更加环保、更具可持续性的移动出行模式。

创建移动数据市场

为创造社会效益的汽车提供奖励

下面，介绍利用区块链技术创建移动数据市场的应用案例。

上一章介绍过通过利用区块链，汽车能够将社会成本内部化。具体来说，通过利用M2M智能合约，汽车可以按照行驶里程来缴纳道路通行费。

本节将介绍的应用案例中，汽车自动将行驶过程中收集的数据出售给社区或社区管理者，这些数据可以促进社区建设，减少交通拥堵或交通事故带来的社会成本。促进社会共通资本（基础设施）发展的汽车、使社会效益可见化的汽车、能创造收益的汽车将会获得奖励。

埃欧塔基金会和捷豹路虎共同打造"移动即获利汽车"

2019年在爱尔兰,埃欧塔基金会与英国捷豹路虎(JLR)合作,开展了一项基于区块链技术的数据市场概念验证。

验证中使用的捷豹路虎电动汽车I-PACE,搭载了由埃欧塔开发的一款名为"智能钱包"(Smart Wallet)的数字钱包。车辆可以向道路交通管理部门提供行驶道路的路面状况、当地天气、交通量等数据信息。

例如,车辆安装的传感器能检测到路面上的凹陷或孔洞,这些异常可能导致交通事故或交通拥堵。检测到这些信息后,它们会被立即上传到道路管理部门的云空间中。信息提供者的数字钱包会收到代币(加密资产)作为奖励。数字钱包中的代币可以用来支付高速公路的通行费、停车费、充电费等(见图7-2)。

图7-2 "移动即获利"汽车
(资料来源:捷豹路虎)

网联汽车在行驶过程中不断通过传感器收集各种数据。这些数据中有一部分是养护维修道路的企业所需要的数据。汽车利用智能合约,自动将此类数据卖给这些企业。

通过创建这样的数据市场，每个相关者都会从中受益。对汽车制造商来说，"移动即获利"能够提高汽车的价值。对道路基础设施管理部门来说，利用汽车提供的数据，能够提醒其他驾驶人，避免出现交通拥堵和交通事故，由此可以降低社会成本，同时也能减少处理公害时自身负担的成本。

德国大陆集团打造的联网泊车系统

还有一个在数据市场上进行停车位数据交易的应用案例。

德国大型汽车零部件公司大陆集团与美国跨国高科技公司惠普企业（HPE）共同开发了一款基于区块链技术的停车位信息共享平台，并在2019年8月举行的法兰克福国际车展（IAA）上发布。大陆集团和惠普企业将这款应用了开源网络技术Crossbar.io的区块链平台命名为"数据货币化平台"（DMP，Data Monetization Platform）。

在这个联网泊车系统的应用案例中，只要驾驶人同意分享汽车传感器收集的信息，他就可以使用一款名为"移动即获利"（Earn As You Ride）的手机应用程序。驾驶人将车辆行驶中收集到的停车位信息提供给大陆集团，便可以获得代币作为奖励，代币可以用来支付停车费。

大陆集团能够实时看到汽车传感器收集的信息，他们将这些信息分享给第三方（例如停车场管理方），以此帮助解决停车问题。

当地政府掌握了停车场剩余车位的信息之后，就可以优化管辖区域的交通管理。例如，他们可以降低停车费（利用代币支付），引导人们在交通量小的区域停车。反过来，可以通过提高停车费，引导人们不去交通量大的区域停车。这样就能够使各地区平摊城市整体交通负荷，调整交通流量，缓解交通拥堵问题。

利用区块链技术探索协同式自动驾驶

还有一个利用区块链技术提高自动驾驶开发效率的应用案例。地图信息可以极大地影响汽车的自动驾驶能力，因此，各大汽车制造商通过合作创建地图信息，实时协调道路上行驶的车辆和无人机，做到与完全自动驾驶相同效果的安全行驶。这种"协同式自动驾驶"（Coordinated Autonomy）将减少自动驾驶开发的巨大成本，降低因为汽车行驶中发生拥堵或事故带来的社会成本（见图7-3）。而要提高网联汽车在行驶中收集

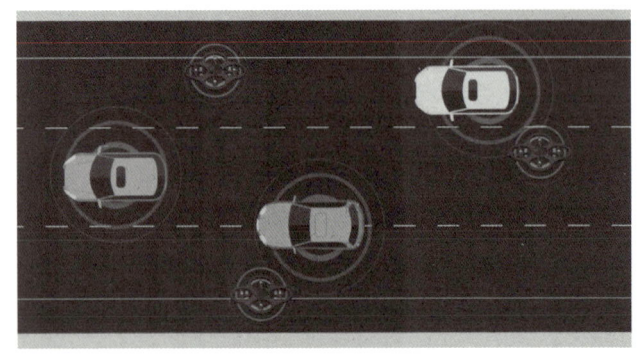

图7-3 协同式自动驾驶
（资料来源：MOBI）

信息的可靠性，创建汽车之间交易数据的市场，区块链技术必不可少。

利用区块链技术制作自动驾驶地图

现在，汽车制造商正在研发的自动驾驶系统基于高分辨率地图（HDMAP，High Definition MAP），将各传感器获得的信息与高分辨率地图进行比对，了解路况信息和车辆信息，对行车控制发出指令，以此指挥汽车自动行驶。

但是，将来要在普通道路上实现自动驾驶，就需要把现在使用于高速公路或汽车专用道的高分辨率地图推广到一般道路上，这需要追加巨额投资。除此之外，因为路况随时都会发生变化，所以地图还需要不断更新。单是配备昂贵传感器（车载激光雷达）的专用车辆就需要高额成本。

今后车载传感器、全球定位系统[①]（GPS，日本则为全球导航卫星系统）会更加先进，车载人工智能功能则进一步增强，它们收集的数据内容不断增加，预测准确度会随之提高。在这种情况下，即使地图精度没有那么高，汽车通过利用实时获得的周围信息，也能够做到自动驾驶。因此，我们想到一种方法，利用现有的导航地图（SDMAP，Standard Map）制作低成本的地图。

2020年4月2日，通用汽车为自动驾驶申请了"去中心化分

---

① 在中国则为北斗导航系统。——编者注

布式地图"专利。该系统利用大量汽车传感器收集信息,将这些信息与其他数据作比对,利用区块链技术更新地图。这种方式收集数据的速度远远快于以往,这样便可以打造能够提示最新路况信息的、非常可靠的地图。

这一方案的核心是将制作地图的任务交给众多车辆。汽车在行驶过程中,通过传感器收集数据。系统将这些实时数据与现有导航地图数据放在一起进行比较分析,它们之间的差异会被发送给储存所有地图数据的区块链网络。汽车上传数据的行为被视为交易,当上传的信息与现有导航地图不一致时,则需要进行甄别。如果其他车辆也报告了同样的差异信息,则证明该数据信息是正确的,它可以帮助更新地图,是一次成功的交易。

该系统设计了激励措施,鼓励汽车将数据发送到区块链网络,创建汽车(包括无人机在内)数据交易市场。这将促进多种品牌的汽车相互合作,各自制作分布式地图,在此基础上,系统将其整合成低成本、高效率的高清地图。

创建新的移动经济

到目前为止,本书介绍了数个区块链与移动出行结合的应用案例。其中,大部分案例的实施者和执行者都是MOBI的成员。本章内容的最后部分,将介绍MOBI这一国际联盟组织如何通过无国界合作,致力建设智慧城市和发展循环经济。

MOBI的愿景——改革交通设施的资金运营模式

MOBI的愿景是在未来的移动社会中，创造新的移动经济。2019年11月开始这一愿景被发布到油管网上，其中包含了目前为止我们说过的所有案例的精髓。

在城市交通系统中，庞大的出行需求给交通基础设施带来了巨大压力，同时也给汽车安全性带来隐患。据联合国统计，到2050年，世界城市人口将增加50%。城市化带来的交通拥堵和大气污染等问题在今后会更加严峻。

在大多数国家，排放二氧化碳最多的是汽车。汽车不仅严重污染环境，而且导致每年约有125万人死于交通事故。为了减少公害污染，城市必须想出新的办法维护和改善道路基础设施，控制汽车流量。

MOBI主张，可以将人工智能、物联网和区块链等迅速发展的科技结合起来，为人、车、物、基础设施设置数字身份标识。这些数字身份标识可以无限扩展移动网络。在移动网络中，它们变得更加智能，能够自主执行交易，相互通信交流。这会给城市交通基础设施的构建、运营和盈利带来巨大变化。

为了尽早实现这一转变，MOBI及其成员于2019年7月创建了世界上第一个基于区块链的车辆数字识别标识标准。车辆数字识别标识用于创建汽车数字孪生，提高在汽车之间、汽车与道路之间利用数字钱包进行M2M付款的可能性。

在行驶过程中，无须驾驶人操作，汽车钱包可以自动支付道路基础设施使用费。有的城市可能会根据二氧化碳排放量对汽车收费，此时，汽车用户可以通过提供服务或出售数据来冲抵这部分费用。这些都需要用到汽车钱包。

例如，您可以与人拼车，或者在不用车时将车出租出去收取使用费，或者将基础设施损毁信息、交通事故信息实时报告给相关机构，赚取代币奖励。

有了车辆数字识别标识、汽车钱包和代币，用户便能够利用电动汽车、公共交通工具出行，当遇到交通拥堵时，还可以选择绕行路线。这样做既可以保护环境，又能够避免或缓解交通拥堵，同时还可以获得信用积分和奖励。这种计费和信用系统可以控制城市道路网络中的交通需求，对当地政府和交通管理部门来说，是解决城市交通难题的有效手段。

汽车钱包还具有汽车数字跟踪和通讯功能。网络上有各种汽车数字识别标识，每辆车都可以相互交流信息，包括行驶速度、位置、行进方向和制动操作等。在一定的区域内，通过可信任的ID、集群智能（SI，Swarm Intelligence）和分布式定位系统（Distributed Positioning），做到协同式驾驶，使汽车能够更安全、更迅速地行驶。

如果将全球最大的汽车区块链联盟MOBI的车辆数字识别标识，与汽车钱包、代币结合运营，那么道路基础设施所有者就可以按照基础设施使用量直接向汽车收费，并利用这些收入维护、保养道路基础设施。如果这种方式能够实现，那将是交通基础设施资金运营方面的一大革命。

全球数十万亿的巨额交通基础设施都可能成为搁浅资产（Stranded Assets），而车辆数字识别标识、汽车钱包与代币的结合，能够帮助交通基础设施所有者摆脱这种风险，改善传统道路养护成本的低效分配，使市民能够更公平地负担交通基础设施的成本。

根据英国牛津大学史密斯企业与环境学院的定义，搁浅资产指的是"因为暴露于环境风险中，导致无法预料的或过早的折旧、贬值或转变为负债的、经济风险（风险暴露）增加的资产"。在交通基础设施方面，搁浅资产指的是一种社会资产，它因污染公害导致环境风险暴露增加，其维护保养费用也随之上涨，因此损失了资产价值，变为低利润的不良资产。

随着电动化的普及发展，全球范围内燃油税等道路建设的财源已经越来越少。在这一背景下，利用区块链技术，在削减支出的同时确保新的收入来源，这样便可以提高道路基础设施公共投资的效率。除此之外，还可以消除会计核算时因为地区差异导致的收益与负担之间的差距。

换句话说，在任何地区，交通服务的受益者都能根据受益程度来承担相应的费用，满足了受益原则（Benefit Principle）。

开展世界首次车辆数字识别标识联合概念验证

MOBI致力改革移动出行社会，未来将把车辆数字识别标识与个人身份ID、基础设施的身份ID结合起来，创建城市的数字孪生。换句话说，MOBI将从移动出行的角度推进智慧城市的建设。

MOBI计划在世界多座城市开展由汽车制造商牵头的车辆数字识别标识联合概念验证。他们将结合各种区块链应用案例，与城市和地方政府共同实施这一计划。第一波联合概念验证将会在新冠肺炎疫情稳定之后，率先在欧美国家开展。在不久的将来，也会在亚洲国家逐步展开，相关的研讨正在稳步推进中。

开发分布式应用程序"城市乌托邦"

MOBI开发了"城市乌托邦"（Citopia），这是一款分布式应用程序。"城市乌托邦"是一个自创的词汇，MOBI的联合创始人兼首席运营官特拉姆·沃（Tram Vo）将城市（City）与乌托邦（Utopia）两个词组合在一起，创造了"城市乌托邦"一词。该词暗示了此款应用程序有助于打造智慧城市。

分布式应用程序是利用区块链技术，提供各种服务和游戏的应用程序的总称。它的主要特点是：①利用区块链技术，采用开源设计，程序的组织架构是公开的；②没有中央管理员，实行去中心化管理；③发行代币，自由进行价值交换，可在程序内收付代币，以此保证交易的自动执行；④有一套用户达成共识的机制，保证程序更新。

"城市乌托邦"是利用了区块链技术的移动出行平台。它开放应用程序编程接口（API），公开程序和接口，让外部系统与该系统对接，进行数据交换。

"城市乌托邦"平台实现了数据隐私的保护、移动服务的可见性和互操作性，以及网络中节点（模式）的优化。它能够将各种移动服务连接起来，互相合作，助力地区和社区的发展。

具体来说，引入"城市乌托邦"平台的城市和社区可以构建基于微支付和智能合约的支付系统,并将其用于支付驾驶行为保险、道路通行费、停车费等场合。还可以将汽车维修记录和召回记录都写到区块链上,这样一来,记录中的内容很难被篡改。

在此之前我们讲过的构建数据交易市场、电动汽车与电网的结合、V2X交易、P2P乘车共享,以及无缝连接多种出行服务模式的MaaS,都可以在这款应用程序中实现。

在"城市乌托邦"打造的代币经济中,交通基础设施、停车位、车辆等移动资产拥有者可以根据使用量更加准确、公平地征收或缴纳道路通行费和停车费,回收汽车带来的社会成本,包括交通拥堵、含二氧化碳的汽车尾气排放、道路损毁等带来的成本(见图7-4和7-5)。

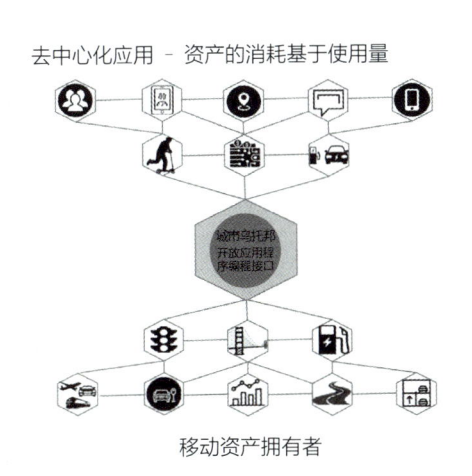

图7-4 "城市乌托邦"的概念图
(资料来源:MOBI)

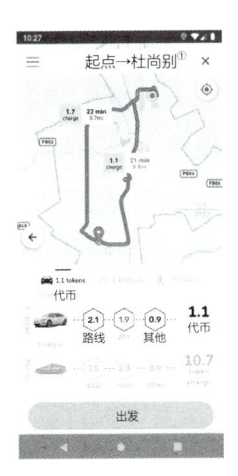

图7-5 "城市乌托邦"的应用程序界面
(资料来源:MOBI)

---

① 杜尚别:塔吉克斯坦的首都。——编者注

MOBI开展的联合概念验证中将应用这款程序，它可以根据城市、地区和概念验证参与者的要求，设定估算代币的参数。

区块链与循环经济关系紧密

全球已经开始向循环经济转型。MOBI的活动涵盖了汽车行业从上游到下游的整个价值链，对MOBI来说，构建循环经济是一个重要课题。

循环经济是一种资源循环型的经济发展模式。在这种经济模式下，资源并不是采购、生产、消费、废弃的单向流动，而是通过回收、再利用、再生产、开发节能产品、共享等方式实现资源的循环利用。这是一种全新的经济发展模式，它取代了自产业革命以来大量生产、大量消费、大量废弃的经济模式。

循环经济之所以能够在世界范围内得到发展，是因为要想实现联合国可持续发展目标，则必须促进向循环经济的过渡和实现发展的可持续性。同时，由于循环经济追求的是资源利用的效率，因此有助于创建无碳社会。

循环经济与区块链关系紧密。利用区块链保障供应链的可追溯性，提高资源循环过程的透明度，可以促进资源的回收再利用，有助于公平交易。P2P的基础是数字身份标识管理、防篡改的数据记录、智能合约，这些都离不开区块链。许多国家都在引入区块链技术，打造公平的价格机制，推广共享服务。

在追求循环经济、打造无碳社会的过程中，碳信用成为关注焦点。MOBI的小组委员会正在研究这一课题，我们相信利用区块链将对拓展碳信用市场有着极大的帮助。

在碳信用领域利用区块链技术有两个应用案例，一个是利用区块链管理碳信用交易的数据，另一个是碳信用的代币化。

碳信用是二氧化碳排放权的一种，是用来交易的二氧化碳减排量的证明。自从1997年制订了《联合国气候变化框架公约的京都议定书》以来，政府和企业都在购买碳信用来抵充超额排放的二氧化碳（即碳补偿）。反过来，没有超出排放限额的政府或企业，则会获得碳信用，并且可以将它卖掉。联合国的目标是控制引发温室效应的二氧化碳排放量，但是不同的国家、产业、企业控制二氧化碳排放量的成本不同，因此才会产生这样一种碳信用交易机制。

然而，由于计算和测量二氧化碳排放量是一项非常复杂的工作，再加上国家之间记录交易的方法各不相同，因此碳信用交易的透明度很低，这是一个难题。如果在参与国、参与企业之间搭建一个区块链平台，在其中记录二氧化碳排放量并公布计算方法，参与者可以访问平台查看数据，那么便可以提高碳信用交易的透明度和可靠性，加速交易市场的流动性。

碳信用代币化

碳信用代币化指的是一种机制，它利用区块链技术，奖励为无碳社会做出贡献的消费行为。

加拿大区块链公司CarbonX公司的碳信用代币化就采用了这样一种机制。

首先，CarbonX公司根据抑制气候变化的国际机制REDD+[①]的规定买入碳信用。然后将碳信用转变成可以兑换的代币并卖给企业。买入代币的企业则将代币授予消费者，奖励他们的减排消费行为。消费者获得代币之后可以用它购买其他商品或服务，也可以用它交换其他加密资产。代币交易都被记录到区块链上，具有透明性。

碳信用交易主要在国家或企业之间进行，但是有了碳信用代币，个人也能通过节能减排而直接获得奖励。如果MOBI和企业设计出类似的激励机制，鼓励人们节能减排，那么个人消费者就会愿意主动购买环保产品和服务。

相似的思路也可以应用到移动出行领域。汽车制造商将通过销售电动汽车获得的，或者通过市场购买的碳信用转化成代币。为接入智能电网的电动汽车用户以及提供共享服务的电动汽车驾驶人发放代币奖励。奖励的标准分别是P2P交易中车载电池出售的电量以及电动汽车的行驶里程。

对于汽车制造商来说，这样做不仅能鼓励用户用实际行动促进减排节能，而且可以访问代币获得者的匿名用户数据以及代币交易的历史记录，根据这些数据信息，可以开展有效营销。

[①] REDD+：发展中国家通过减少毁林与森林退化减排，以及森林保护、可持续管理、增加森林碳库。——译者注

在代币经济中，你的活动对社会越有益，越能获得更多报酬。在这种激励机制下，消费者更愿意购买和使用电动汽车。汽车制造商便可以增加电动汽车的销量，也会有更多机会获得更多碳信用。

第 8 章

打造智慧城市，振兴地方经济

欧洲全面推进区块链项目

本章为大家介绍的是，在构筑智慧城市和区块链出行方面较为积极的欧洲、中国和亚洲其他地区最新发展情况。最后是对日本以及日本汽车产业的相关建议。

以欧洲为主导的区块链联盟诞生

在世界范围内，开发和引用区块链技术最积极的就是欧洲。

2018年4月10日，欧盟委员会（EC）为了促进区块链技术的进一步发展，共同签署了《欧洲区块链伙伴关系协议》(*EBP，Europe Blockchain Partnership*)。其后，列支敦士登等其他六个欧洲国家也相继加入。达成该伙伴关系的目的是促进区块链技术创新，以及使欧洲多国在相关法律法规上保持高度一致。

欧洲主导的区块链联盟组织形成后，不断向全球扩张。在《欧洲区块链伙伴关系协议》签署一年后的2019年4月3日，欧盟委员会在布鲁塞尔成立了国际标准化组织国际可信区块链应用协会（INATBA）。据悉，该组织聚集了105个致力区块链技术发展的企业或组织。

组织成员包括环球银行金融电信协会（SWIFT），移动开放区块链计划联盟，瑞士加密谷协会（Crypto Valley Association），欧洲域外企业IBM、富士通、日本电器（NEC）等。另外，区块链开发公司ConsenSys、R3、埃欧塔基金会、瑞波（Ripple）、唯链等也参与其中。国际可信区块链应用协会由来自世界各地产业界、政策界、国际组织、监管机构和市民团体组成，旨在制订各领域区块链技术准则与国际标准。此外，欧盟各国和欧洲科技企业正在积极推进区块链技术方面的研究。

2017年8月，欧盟委员会与欧洲最大的竞争与创新计划"地平线2020"合作，开展了名为"区块链社会公益"（Blockchain for Social Good）的社会创新有奖竞赛。

2018年2月1日成立了欧盟区块链观察站和论坛组织（EU Blockchain Observatory and Form）。该组织有100多名决策者和专家，旨在推进欧盟区块链技术的不断创新，积极构建域内区块链生态系统。

2014—2020年，"地平线2020"项目投资总额达800亿欧元。下期计划"欧洲地平线"（Horizion Europe），即2021—2027年，将再获投资944亿欧元，用于域内技术研发。

欧洲绿色协议与绿色复苏

作为目前欧盟委员会最重要的议程，《欧洲绿色协议》（*The Europe Green Deal*）最早于2019年12月由欧盟委员会主席冯德莱恩提出。《欧洲绿色协议》被定位为绿色发展战略协议。

2020年5月27日，欧盟委员会宣布了一项复苏基金计划，以期从新冠肺炎疫情的打击中重建经济。该基金也被称为"下一代欧盟"（Next Generation EU），总额7500亿欧元。该计划以"绿色复苏"（Green Recovery）为核心，强调在重振经济的过程中，除重视实现数字化发展外，还应关注气候变化，实现可持续发展。

2020年3月10日，欧洲绿色协议和绿色复苏的工业政策"欧洲新工业战略"（A New Industrial Strategy for Europe）正式对外发布。新产业政策划分为绿色发展和数字化发展两大方面，其中区块链被人们看作是欧洲未来发展战略的核心技术之一。同时，该战略除了鼓励产业从传统能源行业向包括数字产业在内的新行业转型外，还明确了"可持续智能出行方案"（Sustainable and Smart Mobility）。

区块链和移动出行是欧洲绿色和数字化经济升级进程中非常关键的主题。

索尼公司的"区块链移动出行平台"亮相荷兰

荷兰是举世闻名的"循环经济圣地"。自2016年以来，荷兰首都阿姆斯特丹的行政机构与市民、企业（包括初创公司）、学术机构和社会团体合作，努力将循环经济的概念引进各种商业活动中。2020年4月8日，阿姆斯特丹发布了"阿姆斯特丹2020—2025年循环经济战略"（Amsterdam Circular 2020—

2050 Strategy），这是一个旨在全面过渡到循环经济的五年战略计划。

该战略计划的特点是采用英国牛津大学经济学家凯特·拉沃斯（Kate Raworth）倡导的"甜甜圈经济模型[①]"（The Doughnut Economic Model）。

2020年4月23日，索尼公司宣布已为荷兰开发了一个通用数据库平台"区块链通用数据库"（BCDB）。索尼公司在2019年参加了荷兰基础设施水源管理部的MaaS项目——"区块链挑战计划"。截至2020年3月底，已完成基于区块链通用数据库的概念验证。该验证将区块链技术用于MaaS领域，记录和共享大量移动数据和收益分配信息，是业界的首次创举。

除了MaaS领域之外，区块链通用数据库平台还可用于记录和共享各种传感数据，构建智慧城市。

在探索移动出行领域的应用课题之外，索尼公司同时还在推进区块链技术在教育和娱乐领域的应用。

索尼公司在加密技术研发方面积累了多年的经验和专业知识，而加密技术正是区块链的基础。索尼加密技术的代表作是全球都在使用的非接触式智能卡技术"FeliCa"，在区块链和密码学方面，索尼公司掌握了先进的技术。2020年1月，在美国拉斯维加斯举行的国际消费电子展上，索尼公司发布了独创

[①] 甜甜圈经济模型是一种甜甜圈形状的经济模型。在全球环境允许的范围内（甜甜圈外圈），满足社会需求（甜甜圈内圈）的同时，实现经济的可持续发展（最美味的面团部分）。这是一种全新的经济模式，它可以无须依赖国内生产总值的增长，而解决贫困和环境问题，建设繁荣幸福的社会。这种模型引起了全世界的关注。——原书注

的电动汽车"视觉-S"（Vision-S），震惊了世界。特别是区块链领域的人们对此非常关注。许多业内人士对这款汽车饱含期待，他们认为，装备有索尼高级加密技术的汽车，必定可以使用支持M2M支付方式的区块链移动出行模式。

索尼公司尚未公开表示会在电动汽车"视觉-S"中使用区块链技术。但是，索尼公司在荷兰成功推出区块链移动出行数据库的行为表明，索尼公司很有可能凭自身强大的实力正式进军汽车行业。

特斯拉瞄准区块链枢纽城市——柏林

以太坊（ETH）联合创始人、区块链开发商ConsenSys的创始人约瑟夫·鲁宾（Joseph Lubin）曾表示："区块链世界最重要的城市是德国柏林。"他认为柏林拥有完全适合区块链社会的基础设施，还有许多才华横溢的企业主和程序员。海洋协议公司首席执行官布鲁斯·庞（Bruce Pon）表示："柏林市具有自力更生的精神。"这也是吸引世界各地区块链行业人才的根本原因。

实际上，柏林正在实施约100个区块链和加密资产项目，实施者包括著名的海洋协议、以太坊和埃欧塔等公司或财团。柏林拥有2000家左右的区块链初创公司，已经成为欧洲具有代表性的初创企业中心，与此同时，它还是世界最大规模的区块链中心。

2019年9月，德国联邦政府内阁会议批准了综合区块链国家战略。德国联邦政府表示,未来区块链将成为互联网的重要组成部分,区块链技术将极大增强国家综合实力。如今,全球许多大型公司都在柏林设有办事处,加快摸索与初创公司和区块链研发公司合作共赢的商业模式。

其中,德国的汽车制造商、零件制造商、能源企业在柏林的研发活动非常活跃。正如欧洲绿色协议中提到的,地区特色产业环境已逐步形成。

2019年11月13日,特斯拉决定在柏林近郊成立一家新工厂,它就是特斯拉继美国和中国工厂之后的全球第4家工厂——千兆工厂4。该工厂位于柏林新机场附近的勃兰登堡州格吕海德地区,主要生产汽车车身、车载电池和驱动器。同时,特斯拉还会在柏林市内设立工程设计中心。

特斯拉的首席执行官埃隆·马斯克（Elon Musk）表示,欧洲的首家工厂之所以选在德国,是因为德国有着很强的汽车制造技术。勃兰登堡州的州长表示,该地成功引入特斯拉有两大优势:一是该地离柏林不远,二是该地是德国唯一可在未来生产活动中使用再生能源的地区。

现代汽车工业的发展,可追溯到120多年前。1900年,在巴黎世博会上,奔驰S系列和大众甲壳虫系列设计之父费迪南德·保时捷博士（Ferdinand Porsche）成功发布了他的处女作洛纳保时捷（Lohner-Porsche）电动汽车。

埃隆·马斯克和他领导的特斯拉将"百年难遇之变革"引入了汽车行业,他首选柏林建造新工厂并不意外。众所周知,特斯拉是CASE和区块链技术的先驱者,对特斯拉来说,柏林不仅是汽车生产地，更是汇集和整合创新资源的魅力之都。

毫不夸张地说，特斯拉这一举动正在引发汽车行业"重返欧洲"的潮流。今后，以柏林为中心的欧洲移动汽车产业的发展将会更加引人注目。

中国旨在打造区块链强国

相关专利数量世界第一

紧跟欧洲步伐，努力推进区块链技术应用的国家是中国。

"区块链技术的集成应用在新的技术革新和产业变革中起着重要作用。我们要把区块链作为核心技术自主创新的重要突破口，明确主攻方向，加大投入力度，着力攻克一批关键核心技术，加快推动区块链技术和产业创新发展。"

2019年10月24日，习近平主席在中共中央政治局第十八次集体学习会上做了上述讲话。习主席第一次在集体学习会上提到了区块链一词，并主张将其作为国家战略积极推进区块链技术的发展。

2019年10月26日，第十三届全国人民代表大会常务委员会通过了《中华人民共和国密码法》，旨在规范密码应用与管理，推动区块链相关领域的全面发展。该法于2020年1月1日起施行。

在中国，国家、地方政府和相关企业很久以前就开始了区块链技术的研发和验证工作。中共中央政治局第十八次集体学习会后，相关工作推进得更加迅速。

推动中国区块链产业发展的是一些世界顶级的数字平台企业。例如2019年世界区块链相关的专利数量方面，排在第一位的是阿里巴巴，排在第二、第三位的是腾讯和中国平安。除了这些信息技术巨头外，中国还有3万多家区块链相关企业（包括初创公司）。中国在区块链技术专利数量方面，已遥遥领先世界其他国家，是美国的3倍左右。中国正稳步推进区块链技术的研发与应用，打造区块链强国。

智慧城市的基础是区块链

中国智慧城市的显著特征是以区块链技术为基础。2019年11月，中国工业和信息化部下属的中国信息通信研究院发布了《区块链赋能新型智慧城市白皮书》。其中明确指出，区块链可应用在智慧城市的多个领域，具有巨大潜力，可为城市的发展做出更大贡献。

2019年9月25日，在距离北京市不远的智慧城市试验地河北省雄安新区，腾讯、阿里巴巴、百度和中国平安保险等大型公司以及大学和研究机构联合设立了智慧城市研究组织。2020年4月24日，中国开始了数字货币的试点工作。参加验证的名单中还包括麦当劳、星巴克和赛百味等外资企业。

中国正在多个城市试点世界上首个由中央银行应用区块链技术发行的数字货币（DECP，Digital Currency Electronic Payment），为将来的全面推广做准备。

中国要构建的智慧城市，是一个数字化城市，城市里除了有数字货币支付技术外，还包括人工智能、区块链和物联网技术。

包括雄安新区在内，在中国国内诸多的智慧城市建设中，百度起到了关键作用。2019年8月8日，百度对外公布了区块链技术智慧城市发展规划。在北京、广州、重庆、青岛等地的试点中，医疗、司法、政务和交通等多个领域都应用了区块链技术。

在交通领域，通过车辆、智能手机和街道监控摄像头等不同位置的物联网设备获取数据，然后存储到区块链上，在防止数据被篡改的同时，可实时获取最新路况信息。这样，发生交通违章或交通事故时，可以通过无法被篡改的、准确的路况数据采取快速的处置行动，做出准确的事故处理。

百度正在努力构建区块链智慧城市。今后，中国汽车行业将加快研发和引入新的移动出行方案，将区块链技术应用其中，助力打造智慧城市。

亚洲其他各国正在推进移动区块链

亚洲其他国家和地区也积极将发展区块链技术纳入国家政策，并在移动出行领域验证这一技术。前文已经说过，新加坡是亚洲仅次于中国的区块链中心。那么，其他亚洲国家的区块链发展情况如何呢？比如全球第四汽车大国印度，以及拥有多个全球汽车品牌的韩国。

印度致力创建国家级区块链项目

2020年1月，由印度总理纳伦德拉·莫迪领导的政策智囊团国家转型委员会（NITI Aayog）发布了题为《区块链——印度战略》(*Blockchain: The India Strategy*)的政策草案。该草案从对区块链和智能合约基本概念的解释入手，向政府决策者、企业经营者、公众等利益相关者介绍了区块链技术的应用案例。

该草案指出，区块链技术可促进政治经济模式的转变。同时还提到了移动出行领域，并列举了在汽车保险和电动汽车可更换电池中应用区块链技术的例子。

2020年4月29日，新冠肺炎疫情仍在蔓延中，负责电子和信息技术事务的印度电子和信息技术部部长多特莱（Dhotre）向当地媒体表示："考虑到区块链技术具有巨大潜力以及不同用例需要共享基础设施，我们正在准备一份国家级区块链框架的文件。不久，印度政府将会公布这一文件。"

韩国力争赶超发达国家

韩国也将区块链技术看作一个新的经济增长点。2019年7月24日，韩国政府将韩国第二大城市釜山市指定为政策特区，宣布将在众多产业领域引进区块链技术。釜山市的众多企业中，现代汽车集团电子支付分公司现代支付已与釜山市政府签订了合作协议，将使用区块链技术推进智慧城市的建设。

此外，韩国中部的世宗特别自治市是一个政策特区，同时也是致力自动驾驶开发的智慧城市。2020年5月8日，该市宣布，由韩国科技信息通信部与韩国互联网振兴院（KISA）、LG集团等科技企业合作，开展基于区块链分布式ID技术的自动驾驶试点工作。

2020年4月17日，韩国企划财务部（MOEF）召集区块链专家召开座谈会。企划财务部副部长表示，与欧美等发达国家的区块链发展水平相比，韩国大概落后2—3年，差距并不是很大。为了赶超发达国家，国家会制定区块链发展战略，并从下一财年预算中开设专项资金用于技术的研发与推广。

作为全球汽车制造大国，韩国在未来智能城市构建中，将在移动出行领域积极研发和引进区块链技术。

对日本移动出行的建议：以小为美

在本书最后，笔者就日本移动出行方面提出几点建议，希望对未来的政策制定者、汽车行业从业者，以及即将加入这一新兴行业的人们有所裨益。

这些建议包括与新冠肺炎疫情共存时期汽车价值链中的生

产、销售以及汽车与其他产业、汽车与城市协作发展的新一代移动出行模式（如MaaS）等。

在新常态下，人们对于移动出行模式的认识应做出根本性转变，即由物品（车辆、零件等）移动转向价值移动。价值来源于区域数据。我们要从为客户、用户带来何种利益价值这一角度出发，重新定义区域数据的优势和价值。人们利用区块链技术，可将当地最丰富、最独特的价值网络化。这将大大提高供应链的弹性以及CASE、MaaS的赢利能力，从而提高新一代移动出行方式的可持续性，振兴当地经济，构建循环经济。

建议1：提升供应网络的弹性

新冠肺炎疫情的暴发打断了全球供应链，对效率化和及时化生产方式（JIT）带来了巨大挑战。尽管如此，我们仍无须草率地将供应链转入日本国内。关键是利用区块链将全球供应系统重组为去中心化的网络，提高中小企业在日本国内网络中的经济包容性。

更具体地说，要在分布式网络中管理供应商信息以提高透明度，并且将信息记录在区块链上，使之无法被复制或篡改，实现可追溯性。在危机过后，我们可以掌握整个供应链的库存信息，判断是否需要采购材料、零件，迅速选定替代供应商，完成供应商资质审核，指导他们进行批量生产，快速启动一个新的自上而下的垂直供应网络。

特别是在亚洲，除了台风、洪水和地震等自然灾害之外，流行病的发生风险也很高。我们一定要消除单点故障，防止出现一家公司或工厂停产导致整个系统停止运转的现象。

建立代币经济也很重要。日本的中小企业虽然技术先进，但是销售能力较弱，所以过度依赖特定的客户。因此，当发生大规模疫情时，整个产业很容易受到工厂减产的影响。如果越来越多的中小企业还没有发挥自己的实力就被迫倒闭，那么会导致该行业基础技术水平下降。要避免出现这种情况，必须制造更多机会，促进大企业与中小企业进行匹配，帮助中小企业发展。

利用区块链技术，在保护知识产权的前提下，利用分布式网络共享设计图和买方报价请求。同时，制定激励机制，对提供数据的行为给予代币奖励。这样一来，即使因暴发大规模疫情而导致供应链遭到破坏，也可以找到在技术和生产能力方面满足要求的替代企业，提高供应链的弹性。

对于中小企业而言，他们更容易通过自身努力获得大公司的好评，得到与大公司合作的机会。经济包容性增加的话，中小企业将有更多机会发展壮大。这也可以振兴当地经济。

另外，如果能够成功构建分布式网络，那么就可以进一步开发或引进直接数字化制造（DDM，Direct Digital Manufacturing），即3D打印技术。这是一个好的方案，利用这种方式，不仅能够缩短零件从生产到最终组装的运输过程、减少运输成本、提高产品赢利能力，还能减少供应链中断的风险，进一步提高业务的可持续性。

建议2：促进汽车的数字化销售，建立循环经济

在日本，低出生率的老龄化社会已经到来。人们对新车的需求不断降低，同时随着CASE的发展，新车的销售体系和策略已经到了不得不彻底改变的地步。

与新冠肺炎疫情共存期间，新车经销商应在保持社交距离的前提下，利用AR和VR技术为客户提供有效的在线服务。在区块链社会中，随着数字钥匙和智能合约的出现和推广，经销商与客户面对面交流的机会将大大减少，互联网购车的客户将不断增加。新时代已经来临，为此，积极促进VR和AR技术，提高互联网潜在客户的捕捉能力至关重要。

通过区块链技术，可以提高客户车辆（二手车）和车载电池的转售价值。方便客户以旧换新，促进新车销售。同时，以旧换新车辆增加，也便于经销商更多地参与二手车以及车载电池的回收、再利用市场，增加商机。通过构建经销商循环经济，可有效增加新车销售以外的其他营业收入。

在当地利用社区币构建代币经济时，制造商将开发能够使用社区币进行交易的钱包系统。利用多年积累的客户数据，经销商可以与当地政府合作，增加使用社区币的服务种类，扩大新车售后移动服务商机，进而振兴地方经济。

建议3：通过创建社区币和创新移动服务振兴当地经济

随着社交距离的扩大和日本入境人数的急剧减少，公共交通的经营状况正在迅速恶化，可以说新冠肺炎疫情是日本MaaS发展道路上的拦路虎。在这样的环境下，为了提高一直以来收益较低的MaaS的赢利能力，我们有必要做出大刀阔斧的改革。

我们要提高MaaS运行效率和客户数量，需要设置适当的激励机制，鼓励用户多多利用MaaS，这也是构建代币经济的重要一环。

在区块链社会，人们积极创建数字货币，重新认识地区货币的意义。利用区块链技术的新货币，不受使用场合的限制，在拥有共同兴趣和爱好的"社区"中，它能够使社会资本可见化，并成为其价值网络化的媒介。今后，除了智慧城市、超级城市之外，将有越来越多的地区或社区将开发出应用区块链技术的新型货币。

新冠肺炎疫情期间，日本政府出台了人员流动方面的多项限制措施。与此同时，网络购物和食品运输需求却大幅提升，物品流动规模比以往任何时候都要庞大。为了缩小客运和货运开工率的差距，应该从制度上降低物流门槛。同一车辆、同一驾驶人、同一运营管理者不应仅局限于人员运输，还应获准货物运输，即"客货混运"。这一举措不仅适用于疫情期间，还适用于灾后持续经营计划（BCP）的特殊时期。也就是说，我们认为在政策方面应该有一定的松动。区块链对提高食品和医疗用品物流运输的可靠性来说意义重大。

网络空间中数字资产的价值媒介是加密货币,而使数字资产对应的人、物动起来的媒介则是移动出行。因此,我们在构建社区币,以振兴地区经济时,应该以移动出行为主体。从这个意义来说,将构建社区币和改革移动服务作为一个整体协同推进十分必要。

以前,人们将"移动"用于某种特定目的,比如"运输"人员和物资,充实人的"旅行"。但今后人们将把"移动"看作一种手段,从"运输或旅行即服务"(TaaS,Transport/Travel as a Service)的角度,不断追求移动服务的创新。要将"MaaS +"理念与作为激励手段的社区币结合,需要一个更大规模的"试验场"。区块链社会马上就要到来,计划于2025年举办的大阪世博会将会成为区块链技术的大型试验场。

改善机制,调整目标

汽车行业于2016年诞生出"CASE"一词,如今它身处数字化的汹涌浪潮中,正处于重大变革时期,同时还要迎接web3.0网络新时代的挑战。突如其来的新冠肺炎疫情行迫使汽车行业不仅要面对行业的巨大变化,还要面对全球规模的社会大变革。

从"百年难遇"到"500年难遇"。人们已经无法回到新冠肺炎疫情暴发以前的时代。在新常态下,虽说研发和引进数字技术等先进科技很重要，但由于社会已发生了根本变化，因此改进迄今为止的社会机制，重新调整目标尤为重要。不单是汽车行业，整个日本社会都要这样做。

这次新冠肺炎疫情中，日本政府补助金发放缓慢，企业远程办公效率低、效果差。从全球范围看，日本和日本的企业在数字化方面已经远远落后，发展形势严峻。迄今为止，虽然有很多学习硅谷、中国等其他国家和地区前沿技术的机会，但我们并没有好好把握住。究其原因，或许是因为这些前沿技术与日本的社会结构、日本人的性格有格格不入的地方吧。

如果真是这样，那么疫情期间，在与其他国家和地区交流、贸易受限的情况下，除了要追赶其他国家和地区的最新技术之外，还要建立符合日本国情和民族性的新机制，寻求日本特色的发展道路。

日本的文化内涵

我们没有必要固守以往的标准尺度。虽然日本和日本企业积极开拓国际市场，实现了国际化，但在脱碳等全球性减排方面贡献甚少，并没有做到全球化。对此，首先，我们要重新定义什么是国家或地区可提供的价值，在本国或本地区的标准下努力提高该价值的同时，逐渐构建可持续发展的区域经济。最终，充分满足本国和国外的双重需求，使日本成为一个真正的全球化国家。要注意的是，全球化并不一定要在日本以外的国家拓展业务。

在新冠肺炎疫情暴发前，世界各地的大量游客喜欢来日本观光旅游。这些游客虽然来自不同的国家和地区，身处不同的社会和文化，但都被日本当地特有的文化和服务热情所吸引。日本即便没有最新的技术，也有其他国家难以模仿的文化内涵。

2019年，在日本举行的橄榄球世界杯上，许多其他国家的球员在赛后向观众深深鞠躬，以表达他们对日本好客之道的感谢。那一刻打动了很多日本人，令人记忆犹新。从代币经济的角度来看，我们有必要建立一种完善的机制，使日本特有的、尚未被发掘的社会资本价值可视化，而且不仅要在其他国家的人们当中，还要在日本人当中提高该价值。这就是推广区块链技术的意义所在。

小的是美好的

《小的是美好的》（*Small Is Beautiful*）是英国经济学家E. F. 舒马赫（Schumacher，E. F.）的著作，它出版于正值第一次石油危机的1973年。对学习可持续发展课程的英国大学生来说，这是必读书目。

《小的是美好的》批判了发达国家工业文明带来的经济扩张主义和物质至上主义，主张每种事物都有它最适合的规模，人类经济活动应量力而行。作者舒马赫认为，人类的土地等自然资源十分宝贵，也是有限的，因此要珍惜这些资源。40多年前的这一主张，在新冠肺炎疫情蔓延的今天振聋发聩。

新冠肺炎疫情的暴发使人们重新审视国内生产总值至上主义和利润至上主义。疫情期间，有的企业、机构为了保障员工及员工家人的生命安全和健康，不惜牺牲经营收益，从而获得了高度的社会评价和市场反响。如果企业和机构不珍惜自己的员工，如何能对社会做出贡献？为了员工的切身利益，为了社会的更好发展，暂时牺牲经营收益的企业自然会得到社会的高度评价，其价值也会不断提升。实际上，在股票市场，对SDGs和ESG［环境（Environmental）、社会（Social）和治理（Governance）的英文单词的首字母缩写］项目的投资越来越多，机构投资人开始高度看好这样的企业。

SDGs和ESG并不是最近才出现的话题。新冠肺炎疫情毫无征兆地突然袭来，在这场疫情中，自身健康直接关系到他人健康甚至整个社会的健康。这要求企业提早转变经营目标，为实现可持续发展目标、履行社会责任做出贡献。

高度适合日本社会的区块链

我们对区块链的理解，不应只看到它是新技术、新概念的应用这一面，更应意识到它能够构建新型安全网络，促进社会结构变革的另一面。

通过引入区块链概念，可挖掘尚未被人发现的地方特色，使根植于这片土地的社会文化、人际关系等社会资本可视化。疫情期间，来日本旅游的国际游客数量虽骤然变为零，但我们也可发挥国民之间、当地人之间的互助精神，重新评估社会资本，构建区域循环经济，实现可持续发展。

　　自古以来，日本就有重视地域社会资本的文化。从这个意义上讲，区块链非常适合日本社会。的确，区块链是最近出现的事物，还有很多需待解决的技术问题，它并不是万能的。然而，新冠肺炎疫情期间，人们对区块链的关注度进一步提升，更从侧面说明了社会需要区块链技术来帮助解决一些问题，这是时代大势所趋。

　　区块链领域，日本值得一试。作为结语，与大家共勉。

特辑

与克里斯·巴林格和深尾三四郎的对话

创建新的"日本模式"

最大难题不是技术,而是如何建构社区

读者比较关心区块链和移动出行技术今后会如何影响世界。就这一问题,记者采访了本书作者克里斯·巴林格先生和深尾三四郎先生。

记者 首先,能不能以全球视角,向我们介绍一下MOBI的发展现状。

克里斯·巴林格 提起MOBI,最早可追溯到2015年左右。当时我还在丰田金融服务工作。那时,我开始对支付以及相关的金融程序感兴趣,比如应用区块链的分布式账本技术等。

其中，最吸引我的是应用区块链技术的物联网。物联网意味着将一个现实中的"物"和另一个"物"连接起来，但是如果可以为每个"物"赋予高度机密的数字识别标识，我们就会发现"物"变成了有经济价值的主体。也就是说，我们可以创建一种新型的生态系统和市场，让"物"可以安全地交易。

如果使用分布式账本技术创建高度机密的数字身份ID并将其分配给每辆汽车，那么就可以实现车辆之间以及车辆与基础设施之间的互联互通。我们称其为"移动出行新经济"，它可以创造价值数万亿美元的新兴市场。

当时，我们并不是唯一考虑到这一点的人。许多信息技术公司和汽车公司也开始注意到这一新兴技术。并且，很多公司已经开始进行内部验证，比如将车辆数据接入区块链等。

因此，我与他们取得联系，大家一起分享各自的研究成果。我发现大家做的工作非常相似，都集中在汽车钱包、车辆识别标识、使用区块链技术的共享单车和共享汽车等领域。

我们达成了共识。那就是区块链与汽车匹配度最高，在基础设施中使用区块链技术并非难事。但是，同时我们也发现在常规企业的应用程序中很难推广区块链技术。

我们面对的最大难题，不是"如何将车辆数据接入区块链""如何提高处理速度"之类的技术问题，而是"如何构建社区"，例如如何为分布式网络中的通信、支付、身份标识分配制定标准。

即便是世界上最大的汽车公司和信息技术公司，也无法依靠自己的力量独自完成这项工作。为了构建最简化可实行社区

（Minimum Viable Community），我们需要成立跨行业的联盟组织。

于是，MOBI于2018年5月正式启动。创始成员有35个，现在已经发展到了100多个。组织成员除了全球汽车制造商、科技企业、一级和二级供应商外，还包括非政府组织、政府机构、学术机构和初创企业等。

越来越多的人对MOBI产生了浓厚的兴趣，我们的成员数量仍在不断增加。我认为，MOBI"使移动更安全、更环保、更实惠"的理念已经引起了大家的共鸣。

技术标准制定完成，开启下一阶段工作

克里斯·巴林格　　目前，MOBI已经发布了一些诸如车辆识别标识等关键技术的相关标准，并开启了新阶段的工作。

技术标准一旦确立，之后要做的就是如何应用该标准。2020年6月我们正式启动了开放式移动网络（OMN）。这是实现数据共享和相互合作的共享数据层，有助于企业产品的开发。此外，我们还推出了应用区块链技术的开放数据交易平台"城市乌托邦"。在这里，所有人都可以通过数据、应用程序、服务等获利。

下一步的工作是利用我们已经开发的技术标准，构建数据交易平台"城市乌托邦"，以此提高开放式移动网络的业务网络、移动服务和资产的收益。

记者　　那么，根据您的设想，您认为MOBI当前发展到了什么程度？

克里斯·巴林格　这是一个宏伟的项目，需要我花费毕生的时间进行研究和推广。我甚至无法判断整个项目怎样才算真正的"完成"。

我们对技术标准的开发已经取得了相当的成果，正在启动下一步工作。六个小组委员会正在推广技术标准。除了核心技术车辆识别标识外，还包括电动汽车与电网的整合、供应链、网联汽车数据市场、金融证券化和智能合约、驾驶行为保险等。其中车辆识别标识的相关标准即将发布，其余标准也会在明年第一季度前陆续发布。可以说，技术标准的制定工作已接近尾声。

开放式移动网络仍处于起步阶段，我们在设计整体方案的同时努力拓展合作伙伴，打算寻找其他类似MOBI这样，采用分布式账本的联盟合作。因为网络越大，交易和数据量越大，创造的价值就越大。

"城市乌托邦"比开放式移动网络先进，但相关技术标准的制定相对滞后。我们已发布适用于智能手机苹果系统和安卓系统的、较为稳定的试用版应用程序。还有可用于整个生态的专用代币。我们很快就能通过风险投资筹集到资金，今后将会加快研发速度。

在亚洲，"智慧城市"已成为关键词

记者　感谢克里斯·巴林格先生的介绍，我们对MOBI的现状已经有了初步了解。那么，深尾三四郎先生，请问您如何

看待MOBI在亚洲，尤其是在日本的发展状况？

深尾三四郎 包括日本在内，MOBI的亚洲会员的数量正在增加，人们对它的兴趣也与日俱增。即便是新冠肺炎疫情暴发后，其热度仍未减弱。

在亚洲，"智慧城市"已成为关键词。亚洲许多城市的环境污染、交通拥堵等问题日趋严重。因此，地方政府，特别是大型城市的地方政府，在探讨解决这些问题的方案时，开始关注区块链技术。

此外，亚洲人口的平均年龄比其他地区年轻，与MOBI相关的初创企业和地方政府中年轻人也很多。也许正因如此，人们才认识到了数字孪生的重要性，并积极讨论如何使用数字孪生技术构建智慧城市。

记者 在亚洲国家中，您对哪个国家或地区最为关注？

深尾三四郎 在MOBI成员中，我比较关注中国大陆、中国台湾、新加坡、韩国等国家和地区。例如政府文件中出现的"打造智慧城市，智能移动出行必不可少"措辞，以及信息产业中的5G网络技术等都是我的关注点。物联网在亚洲的发展非常快，最具代表性的是新加坡。在技术方面，较为先进的是中国大陆和中国台湾。换句话说，产业界也做好了构建智慧城市的技术准备。

虽然没有区块链技术，数字孪生也可以存在，但是更多人认为，只有区块链才可赋予数字孪生身份标识，使之具有唯一性。各个国家和地区应用区块链的形式多种多样，但目标是一致的。

记者 当新技术问世时，会出现"蛙跳式发展[①]"，锐意进取的新兴经济体会迅速取代因循守旧的发达经济体。

迄今为止，提到汽车人们就会想到日本。但是当区块链时代来临后，您是否认为中国、韩国有可能超越日本，实现跨越性发展？

深尾三四郎 我认为肯定会出现"蛙跳式发展"。

不过，区块链不仅是一项技术，还是一种新的理念、概念，一种信任协议。可以说，它能改变人类的行为方式。举个例子，"城市乌托邦"就是一种通过安装智能手机应用程序激励人类改变行为，从而改变社会的解决方案。因此，区块链是社会更新的"催化剂"。

记者 克里斯·巴林格先生，您认为亚洲市场适合区块链吗？与欧美相比，您有什么看法？

克里斯·巴林格 我认为不论是亚洲，还是欧洲或美洲对区块链技术都很关注。MOBI成员均匀分布在这三个区域的事实，也表明了这一点。

正如深尾先生提到的那样，在亚洲，智慧城市引起了人们极大的关注，国家和地区正在大力发展电动汽车从而实现更环保的出行。在欧洲，供应链和物联网是人们关注的焦点。在美洲，人们的目标是共享数据库，即把那些以公司为单位的、孤立的数据统合起来。

[①] 蛙跳式发展：科技更新换代非常迅速，新兴国家可以通过最新技术，迅速领跑世界。——译者注

记者 这一点很有意思。纵观这些变化，我感觉世界将出现一次重大的科技浪潮，其影响力足以与互联网的诞生相媲美。

GAFA是如何看待MOBI的呢？

记者 GAFA［谷歌（Google）、苹果（Apple）、脸书（Facebook）和亚马逊（Amazon）］通过垄断数据，自上而下地支配市场，但区块链技术却刚好相反，它是去中心化的，具有自律性，它有可能破坏迄今为止GAFA创建的秩序。那么，GAFA如何看待MOBI的发展动向呢？如何对待区块链技术呢？

克里斯·巴林格 实际上，亚马逊网络服务前不久刚刚加入MOBI。区块链代表了新的科技发展方向，就连亚马逊这样的大型公司都不得不重视它。

在此之前，GAFA将大量数据都收集到公司内部，利用这些数据，不断发展壮大，而区块链的竞争优势完全与之相反。这是一个非常大的变化。

纵观人类商业发展史，都是那些擅长合作的人获得竞争优势并成为赢家。在供应链框架内与他人合作，形成自己的特色，才会赢得胜利。

大约20年前，这一规则突然发生了变化。通过合作获取财富的时代已经远去，取而代之的是靠算法收集大量数据进而主导市场的时代。

现在，区块链技术有望扭转这一态势，恢复到通过协作带来竞争优势的时代。其重点是数据协作而不是数据垄断，而且协作的规模比以往任何时候都要大，从中获得的大量数据可以产生更好的算法，为客户提供更好的服务。

这就是GAFA对区块链如此关注的原因。对他们来说，区块链既是威胁也是机遇。即对现有业务模式的威胁，但也可能会在新的协作经济中创造机会。规模空前的业务模式或许不久之后就会出现在世人面前。

记者 您分析得非常有道理。MOBI的确具有巨大潜能，请问MOBI的愿景是什么？

克里斯·巴林格 我希望它是以移动出行为中心的新经济运动的中心，是一个开放的、基于协作的组织，能够实现"使移动出行更安全、更环保，更实惠"的美好愿景。各个行业的优秀人才都对移动出行和区块链抱有浓厚兴趣，因此，MOBI的愿景肯定能实现。

此外，我希望MOBI可以为促进智慧城市的发展做出贡献，解决城市面临的难题，改善人们的生活。

新冠肺炎疫情加速了MOBI的发展

记者 在新冠肺炎疫情暴发前后，MOBI的活动是否发生了变化？新冠肺炎疫情是促进还是阻碍了MOBI的发展？

克里斯·巴林格 我认为疫情暴发后，区块链潮流发展得更快了。特别是数字化和数字孪生发展迅速，或者说不得不发展迅速。疫情暴发后，人们需要保持社交距离，不能再像以前那样与他人或物近距离接触，因此，购买汽车时，去展厅看车、试驾变得愈发困难。

当疫情暴发后，我也曾担心MOBI的发展。通常，当销售业绩不佳、经济不景气时，企业会首先削减研发部门的经费。因此，我认为某些成员公司可能会减少对MOBI的研发投入。

但实际上这种担心是多余的。我们的成员人数并没有减少，许多公司不但没有退出，反而对我们越发关注。许多大公司的管理层都认为"基于区块链技术的移动出行才是正确的发展方向"。事实上，这方面的研发经费正在不断增加，相关技术也在快速发展。

深尾三四郎　我也是这样想的。此外，我认为新冠肺炎疫情从两方面影响了MOBI的发展环境。

第一，我认为新冠肺炎疫情提升了数字孪生的价值。数字孪生可以在人和物移动受限的情况下发挥作用。在日本，政府提出的"社会5.0[①]"中也讨论过，认为数字孪生可以改变现实世界。新冠肺炎疫情暴发后，区块链作为应对措施引发了人们的广泛关注，人们想知道数字孪生是否真的可靠。

第二，是价值观的变化。过去，公司强调销售业绩和利润增长，国家强调经济增长，即"国内生产总值至上"。但是，

---

① 社会5.0：日本政府提出的一个概念，指的是通过将网络空间（虚拟空间）与物理空间（现实空间）高度融合起来的系统，来发展国家经济、解决社会问题的、以人为本的社会。——译者注

在疫情暴发后，自己的健康也会影响他人的健康。经营者必须考虑员工的健康状况，有的投资机构甚至不给那些不关心员工的企业投资。整个社会都在考虑可持续发展目标以及可持续性问题。公司和政府服务也越来越侧重于普惠性，让尽可能多的人能够从中受益，而不仅是少数人。这一点非常符合区块链的理念和思想。

记者 克里斯·巴林格先生，请问美国情况如何？近几年美国媒体上鲜有区块链方面的报道，人们真正认识到它的重要性了吗？

克里斯·巴林格 我认为，如今媒体相关报道越来越少是很正常的。

人们对先进技术的关注具有周期性。新技术诞生时，早期往往被人们高估，长期来看又往往会被人们低估。区块链同样如此。起初，人们对区块链的出现欣喜若狂，满是期望，认为"凭它可一夜暴富""生活将发生彻底改变"。兴奋期过后，人们开始从更长远的角度、以一种更克制的立场看待它，关注"这一技术如何应用于企业和家庭"。

的确，区块链技术与计算机、互联网一样，具有引发社会大变革的潜力。媒体现在没有大肆报道区块链，是理智的。

记者 刚刚深尾三四郎先生提到了"数字孪生的可靠性"，那么您认为在政府监管方面，是否存有影响数字孪生技术发展的政策性障碍？

深尾三四郎　我对日本相关法规不太了解。不过数字孪生是自然而然出现在人们面前的新技术，并没有政策方面的障碍。

不仅是日本，其他国家的人们也都很关注法规方面的问题。脸书的加密资产"天秤座"问世以来，人们一直在讨论"中央银行是否应在数字货币流通初期就进行监管"和"日本应不应该这样做"。

回到数字孪生上，其实，当人们使用智能手机时，人类的数字孪生就出现了。而我们MOBI做的是汽车版本的物体数字孪生，并没有什么政策限制。

为什么世界关注特斯拉

记者　克里斯·巴林格先生曾在丰田公司工作了很长时间，所以我想您对日本的情况应该很熟悉。您如何看待日本的汽车产业和移动出行产业？另外，在欧美，人们对日本的移动出行产业现状有何看法呢？

克里斯·巴林格　日本汽车工业是世界奇迹。一个小岛国居然能造出世界上最好的汽车。日本汽车产业跨越了贸易保护壁垒、关税和配额等诸多障碍，是一个非常成功的案例。

当然，其中也有因为日本自然资源和可出口农产品资源匮乏，不得不在制造业发力的客观因素。但是，像丰田公司这样如此擅长制造汽车，他们肯定有日本独特的经营之道。

汽车制造业的产业结构非常复杂，因为它需要庞大的供应链，同时还需要产业内部的相互协作。这种推动产业间相互协作的日本文化，将日本汽车产业推向了世界顶尖水平。

但是，现在特斯拉已经超越众多日本汽车厂商，成为世界市值最高的汽车公司。能做到这一点，不是因为特斯拉制造的汽车更可靠，也不是因为特斯拉的技术更先进，而是因为特斯拉给人的印象是一家"数据公司"。投资者并不把特斯拉看成是汽车制造商或是电动汽车制造商，而将它看作谷歌、苹果和脸书的同类公司。从网联汽车中获取数据是它的一大优势，因为这样做可在新的移动出行经济中获得丰厚的利润。

现有汽车制造商（尤其是日本汽车制造商）面临的最大挑战是"如何击败特斯拉等数据公司"。更重要的是，这些数据公司早在20年之前就专注于数据业务，已是该领域的领军者。

而破局的关键便是区块链。

每家日本汽车制造商所掌握的数据量都非常有限。但是，如果成立一个由多家公司参与和共享数据的业务网络，则有可能获得巨大的数据库和自动驾驶所需的出色算法。这样一来，日本汽车制造商的优势，即"在协作网络中加强相互协作关系的同时提高竞争优势"就有了用武之地。

区块链技术与日本固有优势结合后，可以获得巨大的竞争优势。希望这一天能够早日到来。

记者 您真是思虑深远，令人信服。对于日本汽车制造商来说，也是一个很大的希望。

不过，如果像特斯拉这样的公司引入区块链，是否可能会成为移动行业的最强者？特斯拉对MOBI感兴趣吗？

克里斯·巴林格 目前特斯拉还没有联系我们。但是我希望有一天它会加入MOBI。

目前来看，特斯拉还不是一家擅长共享业务的公司。如果加入我们，我想他们很快会具备创建协作关系的能力。据我了解，这家公司做事风格迅速果断，非常擅于学习新技术。

日本制造商需要进行数字化转型

记者 深尾三四郎先生，您觉得亚洲的企业如何看待日本汽车制造商？

深尾三四郎 关于日本汽车制造上的优势，我觉得克里斯先生分析得非常到位。

补充一点，我认为丰田公司等日本汽车制造商的优势在于"汽车产品物美价廉，经销商服务周到细致"。尤其经销商的服务很有特色。

目前，日本国内的经销商正在进行重组。随着日本人口的减少，这一趋势在所难免。但是如果由此导致各汽车品牌丧失个性，也会成为一个严重的问题。

克里斯先生提到"数据优势"这一观点。日本的汽车经销商通过代代相传，在汽车销售方面所积累的客户数据会是一个巨大的优势。只不过，这些数字需要进行数字化转型，这种转型包括了区块链技术转型。

我认为这将是日本汽车制造商下一步发展的关键所在。如果成功的话，希望这种方法作为"日本模式"可以传播到世界各地。

对于未来的移动出行理念，我们需要转换思维方式，要从传统的"物"的移动，转变为"价值"的移动，而价值就来源于区域数据。经销商掌握着独特的区域数据，可以在新常态下利用这一资源优势。

迄今为止，日本汽车制造商的优势在于实现了"制造物美价廉的汽车"与"提供细致周到的销售服务"之间的平衡。而如今，这座天平倾斜了，更偏向于"制造"。不仅车型趋同，经销商的特色服务也逐渐消失，各品牌汽车的个性正被渐渐抹去，这是一个很严重的问题。

如果汽车制造商重新将视线转回"提供细致周到的销售服务"上，那么在日本应该还有很大的增长空间。因为他们还可以提供除了汽车销售之外的其他服务。

记者 在大量数据矿工的监督之下，有了去中心化的分布式台账。可以说这是区块链安全性和自律性的保证。那么，将区块链应用于汽车的时候，会不会因为矿工不足导致数据挖掘出现问题？

克里斯·巴林格 自动驾驶技术的竞争优势取决于驾驶数据的获取数量和算法的完善程度。

特斯拉汽车配备多种传感器，收集的数据会传给总部。特斯拉公司持有的数据量惊人。谷歌旗下进行自动驾驶研发的慧摩公司，同样在测试和模拟环节收集了大量的数据。

利用协作式业务网络，可以做到数据共享，获得巨大的竞争优势。使用机器学习，每个参与者都能互相访问各自持有的数据，那么就可以利用更多的数据资源。我认为这就是自动驾驶技术未来的发展方向。

回顾之前的发展历程，从某种意义上说，自动驾驶技术已经走到了死胡同。因为迄今为止所开发的算法都是把每辆汽车看作一个孤立的个体。但是实际上，如果通过接入本地网络，充分利用周边其他行驶车辆信息的话，会让驾驶更安全、更先进。

在这里，同样的，数据挖掘是获得竞争优势的关键所在。但这与现在人们所想的数据挖掘有所不同。

数据挖掘不是没有协调、没有沟通的孤立型"筒仓"，而是延伸至网络末端，强化行驶中的车辆与周边基础设施之间的通信。这里的数据挖掘主要用于实时映射、威胁测量、收集交通拥堵和危险信息，以及处理与其他车辆的接近或碰撞信息。

虽然说数据和数据挖掘依然重要，但不同于现有类型的、新的数据挖掘将成为竞争优势的关键所在。

当然，与区块链的结合也很重要。这是因为，如果不共享数据，分配安全ID并且与末端个体相互确认的话，就难以保证其可靠性。

特辑　与克里斯·巴林格和深尾三四郎的对话

日本人擅长的"信任协议"

记者　请问最后还有什么话想对读者说吗？

克里斯·巴林格　希望大家关注MOBI，也希望这本书对大家有所裨益。我认为这本书对于了解当前区块链和移动出行的发展状况非常有价值。

深尾三四郎　我想谈一谈为什么说日本适合区块链的发展。

自古至今，日本人非常擅长对信任协议进行大幅度更新升级。这是因为日本社会是在与瘟疫的斗争和共存中发展起来的。

当某种看不见的或人类所无法理解的事物突然来临并给社会带来破坏时，日本人便建造神社，以某种"间接互惠[①]"（Indirect Reciprocity）的形式与它共存共荣。还有像京都祇园祭一样，驯服、战胜瘟疫（疫情）。这些都是日本的文化。

带来区块链技术的中本聪，是一个日本人的名字，从某种意义上说，似乎是冥冥中早已注定的。他带来了互联网社会所欠缺的信任协议，从这个意义上看，区块链与日本人的想法很接近。

在过去的二十年中，硅谷一直是世界的中心，日本经营者们对其羡慕不已。但是，如果要问那里诞生的技术是否适合日本和日本人，我是抱有怀疑态度的。

---

① 间接互惠：意思是对社会做好事的话，好运就会慢慢降临到自己的头上。——译者注

从这次疫情中日本政府和日本企业的应对情况来看，即使许多人在努力地学习硅谷，但数字化并没有取得太大进展。

汽车工业也是如此，现在更容易创建日本特色的产业模式。其驱动力源自振兴区域经济和建设循环经济两大目标。这在日本国内是可以实现的，例如由持有本地数据的人（汽车经销商等）来推动实现。

日本汽车产业有能力将危机转化为机遇。破局关键是区块链。新冠肺炎疫情下，我们应利用区块链技术化危机为机遇。当前，汽车产业经营困难。但我认为，利用这一机会，我们能寻找到新的突破口，实现产业复苏。这就是我们不断推动MOBI向前发展的原因所在。

2020年8月

后记

我是一名汽车行业分析师,在2019年有幸与克里斯·巴林格见面,听他讲述了加盟丰田公司以来在区块链方面所做的工作以及关于建立MOBI的想法。我深受启发,从此开始关注区块链和MOBI。

此后,随着对区块链技术的逐步了解,我愈发感到这种技术与我祖辈的故乡以及故乡特有的"三方共赢"精神是相通的。区块链于我,仿佛不是初次接触,我对它有一种奇妙的亲切感。与此同时,我也产生了一种使命感,就是一定要通过MOBI与更多人分享区块链的世界观。我在大学主修经济学。作为文科生,想要了解应用高级密码学的区块链实非易事,至今我仍在埋头苦学之中。尽管如此,我仍然满怀激情地写下了这本书。

我从骨子里被区块链深深吸引。若论其中原因,请允许我从我的故乡和那片土地的"三方共赢"精神讲起。

我出生于日本东京,籍贯是滋贺县近江八幡市(原蒲生郡)琵琶湖沿岸的安土町。安土町在日本历史上是一个非常有名的地方。在安土桃山时代,为了统一天下,织田信长从美浓迁居此处,并建造了城堡。我的先祖是被称为"近江源氏"或

"佐佐木源氏"的军事贵族,大概从900年前就开始守卫安土(当时称为"近江国蒲生郡佐佐木庄"),在时间上要远早于织田信长。我自幼跟随大人为先祖扫墓时,都会前往安土町,感受那里特有的气息。安土町的中心有个沙沙贵神社,供奉的是我们家族的守护神,我对同族先人们的故事非常感兴趣。400多年前,也就是在1549年(织田信长迁居安土之前),近江国守卫大名六角定赖发布了观音寺城下町(位于今安土域内)自由经商的"乐市制度","近江商人"由此诞生。六角家族的家臣三井高安(三井家先祖三井高利的祖父),在被织田信长击败迁往伊势松阪前,曾是安土的武士[①]。

安土出了很多历史名人。伊庭贞刚在别子铜山植树造林,成为日本最早从事环保事业,扛起社会责任(CSR)的人,被称作"住友中兴之祖"。他后来与五代友厚等人成立了大阪商业讲习所(后来的大阪市立大学)。还有探险家间宫林藏、朝日啤酒中兴之祖樋口广太郎等。这些安土前辈们的一言一行无不彰显着构建美好社会的理念,与我们现在所说的"可持续发展目标"和"企业社会责任"有共通之处。

---

① "三井家族的先祖"三井越后守高安,在琵琶湖东岸的鲶江建立了一座城堡。1568年,主君六角佐佐木一族败给了织田信长之后,三井成为没有主君的流浪武士,后来搬到了伊势。在近江日野人、曾经辅佐过丰臣秀吉的松阪城主蒲生氏乡的建议下,高安的儿子三井高俊舍弃了武士身份,开始从商。因为父亲名号中有"越后守"三字,因此,高俊将自己的商店取名为"越后殿酒屋"。三井高俊之子,三井高利将业务拓展到江户,于1673年在今天的东京都中央区开设和服店,取名"越后屋"(现在的三越百货公司)。1683年,将商店迁往现在的三越总部所在地,同时设立日本最早的银行——三井兑换店(后来的三井银行)。"三井越后屋"(三越、三井银行)是三井财团的雏形。传说平安时代关白太政大臣藤原道长的后代藤原右马之助信生在1100年左右从京都搬到近江时,在琵琶湖领地发现了三口井,并且井中藏有珍宝,因此把姓氏改为"三井"。不过这只是个传说,并没有史实依据。——原书注

后记

早在400多年前,安土就与意大利开始了贸易交流[1]。这一切始于1580年,织田信长同意耶稣会的意大利传教士范礼安(Alessandro Valignano)在安土市开办日本第一所天主教中学。当时,意大利正处于文艺复兴时期,其文化和风俗通过安土传入近江,不仅影响了安土城天守阁的设计,还带来了复式账本的概念[2]。

范礼安神父代表织田信长向罗马教皇献上了描绘安土城风光的屏风,然后随同天正遣欧使将凸版印刷机带到了日本。安土的天主教中学与长崎有马的天主教中学,被世人称作日本学校教育(人文教育)的起点[3]。

也就是说我的家乡近江安土是个非常神奇的地方。在这里,人们充满了社会责任感和挑战精神,不被固有的经验法则所束缚,正如樋口广太郎所言"正因为史无前例,所以才要去做"。同时,这里具有兼收并蓄的精神,善于接纳不同的文化,重视教育。

这片土地孕育的"三方共赢"精神是近江商人的特点,"三方"具体指的是"卖方、买方、社会"。事实上,近江商

---

[1] 滋贺县近江八幡市安土町与意大利伦巴第的曼托瓦市是友好城市。它们的历史渊源可追溯到16世纪,当时天正遣欧使团为了向罗马教皇献上描绘安土风光的屏风,访问了曼托瓦公国(当时)。——原书注
[2] 江户时代中期(18世纪中期),在蒲生郡日野町,一个名为"中井源左卫门"的日野商人创造了"大福账",它类似于总账本,带有复式记账的特点。这种记账法相当于德国的综合记账法,但问世的时间却更早。这一发源于近江的簿记会计系统被叫作"中井家记账法",它通过在各地经商的日野商人传播到了日本全国。——原书注
[3] 范礼安神父在天主教中学中引入了当时欧洲都没有的"适应主义"教学法,他不仅讲授耶稣会的通用语拉丁语和拉丁语文学,还让学生学习日语、日本古典文学和日本文化,以适应日本社会。——原书注

人从来没说过这句话,历史文献中也没有记载,这个词只是最近被创造出来的标语①。不过近江人的各种言行都在践行这一精神。

他们开展"合伙经营",建立了股份制形式,用少量自有资金扩大经营,分散经营风险。他们还组织了"带货经营",将大城市的商品拿到地方销售,再收购地方的物产(原材料)拿回大城市销售,不仅提高了经营效益,还让地方百姓更为富足。通过自身努力获取的功德、利益,除了自己外,还要分享给他人和社会。用佛教的话来说,这是一种"自利利他"的精神。他们向神社和庙宇匿名捐款,"积阴德、做善事"。利益不是目的,是完成社会责任之后获得的恩惠,因此,做善事,利润自然随之而来,万不可急功近利。这就是近江商人的经商精髓——"利为余泽"。

"利为余泽"是"三方共赢"精神的核心。这种精神自江户时代末期到明治时期在近江就已出现。它将当时来自欧洲的新教的职业伦理、资本主义精神与佛教精神糅合到了日本人的思想中。换句话说,商业促进了生产与消费的和谐发展,所以商业是神的旨意,以此促进世界的和谐。从事商品流通的工作,自然会得到神的眷顾。"利为余泽"与这种新教义的职业

---

① "三方共赢"是由已故滋贺大学经济学教授小仓荣一郎在《近江商人的经营》(1988年)一书中首次创造的词语。一般而言,"近江商人"包括了高岛商人(始于16世纪末)、八幡商人(始于17世纪初)、日野商人(始于18世纪初)和湖东商人(从19世纪中叶开始),其经营风格因时代而异。"三方共赢"理念主要出现在活跃于琵琶湖东岸的彦根、高宫、丰乡、爱知川和五简庄等地的湖东商人中。这一理念的纸质记录主要见于两处,一处是五箇庄麻布商中村治兵卫于1754年写下的家训"宗次郎幼主置书"第7、8条,另一处是丰乡的初代伊藤忠兵卫(1842—1903年)的座右铭。——原书注

伦理极为相似。

持续性经营和社会服务思想是可持续发展的本质，这一思想自古至今根植在近江这片土地上。在"三方共赢"的经营模式中，人们通过分布式网络激发"个体"能量，追寻理性的协作模式，在整个社区和社会中共享和分配价值。这种理念和互惠共荣的精神与区块链的理念是相通的。

我的血液中流淌着这片土地世代相传的精神，我有幸发现了故乡400多年来独特的风土文化与堪称"500年难遇大变革"的区块链的相通之处。这就是我被区块链技术深深吸引的原因所在。我认为，区块链与日本以及日本人是高度契合的。

克里斯先生对本书的撰写提供了很大支持，在此深表谢意。我们二人大学都主修经济学，职业都与金融有关，因此在第一次吃饭时就热烈地讨论经济学话题。我毕业于伦敦政治经济学院，母校的乔治·阿克洛夫教授曾是克里斯大学时代的讲师。除了校友罗纳德·科斯（Ronald H. Coase）教授的交易成本经济学，我们还对移动领域"信息不对称"的解决方案——区块链抱有极大的兴趣。20年前，我曾在伦敦政治经济学院接触过可持续发展和二氧化碳排放交易方面的课题。后来克里斯先生和MOBI让我意识到，这些与区块链密切相关的课题将是我毕生的事业。

迄今为止我遇到的"丰田人"中，克里斯先生是非常独特的一位。他比任何人都了解丰田，甚至比日本人还了解丰田、了解日本企业。他拥有极高的理解力和敏锐的观察力，不得不让人叹服。出于分析师的职业本能，我想知道是什么造就了他的惊人能力，于是向他请教了很多问题。其间，他饶有兴致地给我讲述了他的家庭故事。

克里斯先生生于美国宾夕法尼亚州的费城。据说在他出生前的1953年，日本明仁上皇（当时是皇太子）到访当地，曾与他母亲在一辆拖拉机上合过影。当时的明仁皇太子英语流利，亲自驾驶了拖拉机，还体验了挤牛奶，与他母亲谈论滑雪等爱好，并与克里斯先生的父母共进了午餐，度过了一段愉快的时光。当时，克里斯先生的父母一起住在他的祖父家，他们在费城近郊经营一家农场。第二次世界大战后第一次出国旅行的明仁皇太子拜访了曾经的英文老师伊丽莎白·维宁夫人（Elizabeth Vining），顺便与日本访问团一起参观了老师的好友、也就是克里斯先生父母家的现代农场。费城与日本之间的交流始于1860年。以皇太子访美为契机，日美关系得到进一步加强。克里斯先生之所以与日本和丰田结缘，或许也有这一层渊源。

之所以决定以自己的微薄之力支持克里斯先生的宏伟计划——MOBI，是因为我觉得克里斯先生的思想和观点对于日本汽车产业来说至关重要，而汽车产业恰恰是日本和日本经济的代表性产业。我在之前的作品《移动出行2.0》中提到MOBI，这意外促成我与克里斯先生以及MOBI的结缘。我很珍惜这个缘分，它帮助我发现了故乡的美，引领我找到毕生的事业。真心希望能与克里斯先生的友谊之树长青。

除了克里斯先生外，我还要感谢MOBI的许多会员，在他们的大力帮助之下，本书才得以问世。在写作过程中，我与朋友们共同讨论、共享信息，加深了对区块链和新一代移动出行的理解。

日本经济新闻出版总部的赤木裕介先生，是我上部作品和本书的编辑。在本书写作过程中，他给予了宝贵的意见和建议。另外，《日本经济新闻》的评论员中山淳史先生，经常与我分享汽车产业和数字技术的最新趋势。他们两位在我上一部作品中就给予了莫大的帮助。通过上部作品，我与克里斯先生、MOBI结缘，踏入区块链的世界。借此机会深表感谢。

同时，我还要感谢伊藤忠商事株式会社和伊藤忠总研的各位前辈和同事。特别是伊藤忠商事株式会社执行董事、调查与信息部部长的场佳子女士与伊藤忠总研社长秋山勇先生。他们为我参与MOBI活动以及撰写本书给予很多资源上的支持，让我可以自由地研究和写作，感激之情难以言表。伊藤忠集团同样也是来自近江的企业，而我作为一名近江人，也想与伊藤忠集团的各位一起，不断追求"三方共赢"的近江精神。

2020年3月从京都大学研究生院经济学系退休的盐地洋教授为我讲授了相关知识，提供研究资源，让我对日本及亚洲的汽车产业有了更深刻的理解。新冠肺炎疫情期间，应防疫要求，盐地洋教授的最后一堂课以及退休欢送会都被迫中止。作为欢送会发起人之一，我没能表达对教授的感谢和祝贺，实为遗憾。借此机会，对盐地洋教授深表谢意。能够参加教授主持的京都大学亚洲二手车流通研究会的最后一次讨论会，并聆听教授关于区块链移动出行方面的演讲，我感到荣幸之至。

英国怡和控股集团（Matheson & Co., Ltd.）的前董事杰里米·约翰·加尔布雷斯·布朗先生（Jeremy John Galbraith Brown）是我的人生导师，从我大学时代开始，他便在语言学习和全球视野方面给我诸多帮助。希望新冠肺炎疫情可以早日结束，人们能自由交流。届时，我将携带此书拜访先生，聆听教诲。

最后，还要感谢支持我只身前往英国留学的父母，有了他们的支持，我在伦敦政治经济学院学到的知识才能够学以致用，助力我毕生事业的发展。父亲43年前在瑞士洛桑国际管理学院（IMD）学习，他与瑞士的这段渊源对我区块链世界观的形成，以及对社区的理解也起到了推动作用。

还记得签订出版合同开始写作的2020年3月23日，东京都知事首次在新闻发布会上提出了"3个密切"政策，疫情带来的紧张感骤然上升。在那之后的4个多月时间，我的写作给为疫情忧心忡忡的爱妻绫子带来了沉重的负担。尽管如此，她仍然像以前那样无私地支持我。没有妻子的理解，就无法完成本书。在此，我要对她表示感谢。我5岁的儿子英一郎喜欢星星和黑洞，不知是否因为受到我的影响，他最近时不时地会小声嘀咕"区块链"。作为父亲，我希望Z世代的他快快长大，也期待他为本书提出意见。

深尾三四郎
2020年7月

参考文献

第1章

1. Coase, Ronald（1937）"The Nature of the Firm,"*Economica*, New Series, Vol.4, No.16, pp.386-405.
2. Schwab, Klaus（2017）*The Fourth Industrial Revolution*, London: Portfolio/Penguin.
3. Williamson, Oliver（1981）"The Economics of Organization: The Transaction Cost Approach,"*American Journal of Sociology*, Vol.87, No.3, pp.548-577.
4. Williamson, Oliver（2002）"The Theory of the Firm as Governance Structure: From Choice to Contract,"*Journal of Economic Perspectives*, Vol.16, No.3, pp.171-195.
5. Wollschlaeger, Dirk, Jones, Matthew and Stanley, Ben（2018）*Daring to be first*：*How auto pioneers are taking the plunge into blockchain*, IBM Institute for Business Value, http://www.ibm.com/thought-leadership/institute-business-value/report/autoblockchain.

第2章

Gelernter, David（1991）*Mirror Worlds*, NewYork: Oxford University Press, Inc.

第3章

1. International Energy Agency（2018）*World Energy Outlook 2018*, Paris: IEA Publications.

2. Ma, Richard et al.（2019）*Fundamentals of Smart Contract Security*, NewYork: Momentum Press.

3. Okabe, Tatsuya. et al.（2019）"Development of Blockchain Technology to Protect Mobility Data and Traceability Data," *Denso Technical Review*, Vol.24 2019, pp.42-52（in Japanese）.

4. Sachs, J., Schmidt-Traub, G., Kroll, C., Lafortune, G., Fuller, G.（2019）*Sustainable Development Report 2019*, NewYork: Bertelsmann Stiftung and Sustainable Development Solutions Network（SDSN）.

5. Tapscott, Don and Tapscott, Alex（2016）*Blockchain Revolution: How the technology behind bitcoin and other cryptocurrencies is changing the world*, NewYork: Portfolio/ Penguin.

6. United Nations, Department of Economic and Social Afairs, Population Division（2019）*World Population Prospects: The 2019 Revision*, https://population.un.org/wpp/.

7. World Commission on Environment and Development（1987）*Our Common Future*, https://sustainabledevelopment.un.org/content/documents/5987our-common-future.pdf.

8. 吉田寛『市場と会計人間行為の視点から』春秋社、2019年.

第5章

Harper, Gavin et al.（2019）"Recycling lithium-ion batteries from electric vehicles," *Nature*, Vol.575, pp.75-86.

第6章

Akerlof, George A.（1970）"The Market for Lemons: Quality Uncertainty and the Market Mechanism" *The Quarterly Journal of Economics*, Vol.84, No.3, pp.488-500.

第7章

1. Botsman, Rachel and Rogers, Roo（2011）*What's Mine Is Yours: How collaborative consumption is changing the way we live*, London: Collins.

2. Caldecott, Ben eds,（2018）*Stranded Assets and the Environment: Risk, Resilience and Opportunity*, Abingdon, United Kingdom: Routledge.

3. Hess, Charlotte and Ostrom, Elinor, eds.（2007）*Understanding Knowledge as Commons: From Theory to Practise*, Cambridge, MA: MIT Press.

4. Ostrom, Elinor（1990）*Coverning the Commons:The Evolution of Institutions for Collective Action*, Cambridge, United Kingdom: Cambridge University Press.

5. 宇沢弘文『自動車の社会的費用』岩波書店、1974年.

第8章

1. Bris, Arturo et al.（2019）*IMD Smart City Index 2019*, The IMD World Competitiveness Center, https://www.imd.org/research-knowledge/reports/imd-smart-city-index-2019/.

2. NITI Aayog（2020）*Blockchain:The India Strategy*, https://niti.

gov.in/node/1056.

3. Raworth, Kate（2017）*Doughnut Economics：Seven Ways to Think Like a 21st-Century Economist*, White River Junction, VA:Chelsea Green Publishing.

4. Schumacher, E.F.（1973）*Small is Beautiful:A Study of Economics as if People Mattered*, London: Blond &Briggs Ltd.

5. 中国信息通信研究院，区块链赋能新型智慧城市白皮书（2019），8 November, 2019, https://blog.csdn.net/zhouzhupianbei/article/details/103506824（2020年7月24日登录）.

后记

1. Weber，Max（1930）*The Protestant Ethic and the Spirit of Capitalism*，London: Allen and Unwin.

2. 宇佐美英機『近江商人研究と「三方よし」論』滋賀大学経済学部付属史料館研究紀要48号、2015年.

3. 宇佐美英機編『初代伊藤忠兵衛を追慕する在りし日の父、丸紅、そして主人』清文堂、2012年.

4. 木本正次『伊庭貞綱物語』愛媛新聞社、1999年.

5. 小倉栄一郎『近江商人の経営』サンブライト出版、1988年.

6. 小倉栄一郎『近江商人の金言名句』中央経済社、1990年.

7. 末永国紀『近江商人中村治兵衛主宗岸の『書置』と『家訓』について』同志社商学 第50巻5.6号、1999年.

8. 樋口廣太郎『わが経営と人生』日本経済新聞社、2003年.

9. 星野靖之助『三井百年』鹿島出版社、1968年.

10. 村井祐樹『六角定頼 部門の棟梁、天下を平定す』ミネルヴァ出版、2019年.